Anne Ameri-Siemens

DIE FRAUEN MEINES LEBENS

Frauen erzählen von
ihren Heldinnen, Vorbildern
und Wegbegleiterinnen

Rowohlt · Berlin

Originalausgabe
Veröffentlicht im Rowohlt · Berlin Verlag, November 2021
Copyright © 2021 by Rowohlt · Berlin Verlag GmbH, Berlin
Text auf S. 225–234 Copyright © 2021 by Senta Berger
Satz aus der ITC Legacy
bei Pinkuin Satz und Datentechnik, Berlin
Druck und Bindung CPI books GmbH, Leck, Germany
ISBN 978-3-7371-0127-1

Die Rowohlt Verlage haben sich zu einer nachhaltigen Buchproduktion verpflichtet. Gemeinsam mit unseren Partnern und Lieferanten setzen wir uns für eine klimaneutrale Buchproduktion ein, die den Erwerb von Klimazertifikaten zur Kompensation des CO_2-Ausstoßes einschließt.
www.klimaneutralerverlag.de

INHALT

VORWORT 9

MINH-KHAI PHAN-THI
Meine Mutter, Alice Schwarzer –
und Söhne, die zu guten Männern werden 13

KATHARINA SCHULZE
Meine Theaterlehrerin – und warum Auftritte
nicht immer laut sein müssen 29

ILDIKÓ VON KÜRTHY
Frauenfreundschaften – und warum man sich
im Leben eigentlich nie zu früh freuen kann 47

LUISA NEUBAUER
Meine Großmutter – und die Fähigkeit, andere
für unbequeme Wahrheiten zu begeistern 57

FRÄNZI KÜHNE
Die Musikerin ¥o-Landi Vi$$er –
und warum es wichtig ist, anders zu sein 65

JUTTA ALLMENDINGER

Meine Freundin Shirley – und warum
aus Zurückhaltung nichts Neues entstehen kann   *79*

VERENA PAUSDER

Meine Schwester Viktoria – und warum
es wichtig ist, dass Mädchen selbst
die Grenzen des Machbaren festlegen   *91*

DJAMILA BÖHM

Meine Mutter, Serena Williams –
und warum es keine *richtigen* Mädchen gibt   *101*

ANIKA DECKER

Die Frauen meiner Familie, meine Freundinnen –
und wie Humor Leben retten kann   *115*

JANINA KUGEL

Meine Freundinnen – und das Prinzip
«If you can see her, you can be her»   *129*

JOY DENALANE

Meine Mutter – und wie wichtig es ist,
die eigene Stimme zu nutzen   *141*

STEPHANIE CASPAR

Meine Kindheitsfreundin Claudia –
und gesunder Ehrgeiz   *149*

CIANI-SOPHIA HOEDER
Meine Mutter, meine Freundin Nana –
und warum der Versuch, sich anzupassen,
verschwendete Zeit ist   *161*

CHRISTIANE NÜSSLEIN-VOLHARD
Meine Großmutter – und wie wichtig es ist,
das eigene Talent ernst zu nehmen   *175*

CARLA REEMTSMA
Meine Cousine Luisa Neubauer,
Vanessa Nakate, Mitzi Jonelle Tan, Jördis Thümmler –
und der Mut, Verantwortung zu übernehmen   *187*

GISA PAULY
Meine Wegbegleiterinnen – und der Wille,
das eigene Leben zu verändern   *199*

RIA SCHRÖDER
Meine Freundin Saskia – und wie man an Stärke
gewinnt, wenn man auch mal Schwäche zeigt   *211*

SENTA BERGER
Meine Mutter – und Liebe,
Zivilcourage, Bescheidenheit   *223*

NACHWORT   *235*

BILDNACHWEIS   *239*

VORWORT

Fünf Tage vor ihrer Amtseinführung als Vizepräsidentin der Vereinigten Staaten fragte ein Journalist Kamala Harris, woran sie denken werde, wenn sie auf den Stufen des Kapitols ihren Schwur leiste.

«An meine Mutter, die mir vom Himmel zuschauen wird», antwortete sie.

Ein schöner Satz, voller Wärme. Aber er war auch nicht einfach nur schön. Er verstärkte, was Kamala Harris kurz zuvor bei einem Auftritt erzählt hatte. Ihre Mutter, sagte sie dort, habe ihr etwas Wichtiges mit auf den Weg gegeben: Sie werde vielleicht öfters im Leben die Erste sein, die etwas Bestimmtes tun könne – dann aber solle sie auf jeden Fall dafür sorgen, nie die Letzte zu sein.

Nun gehört es zum Narrativ vieler Politiker in hohen Ämtern, über ihre Eltern zu sprechen: Dankbarkeit auszudrücken, Persönliches zu erzählen und sich so nahbar zu machen. Aber bei Kamala Harris ging es um viel mehr: die Migrationsgeschichte ihrer Familie, die Chancen, die eine Gesellschaft bietet, und die Frage der Gleichberechtigung von Frauen und Männern.

Es war eindrucksvoll, wie die Sätze der US-Vizepräsidentin in die Welt hallten, wie die Erwähnung einer Frau, die für sie wichtig ist, eine solche Bedeutung bekam – und ganz grundsätzlich, dass eine Frau darüber sprach, wie sie von einer anderen geprägt wurde, und deren Botschaft mit der Welt teilte: Sorge dafür, dass die Tür, sobald du einen neuen Raum betreten hast, auch für andere offen bleibt. Dass andere Frauen Vertrauen in sich selbst haben und ihren Weg gehen können. Eine für alle.

Nach Kamala Harris' Vereidigungsrede kam ich auf die Idee, ein Buch zu schreiben, in dem Frauen über Frauen sprechen. Es sollte davon erzählen, wie Frauen ihrer eigenen Stimme folgen und dabei von anderen Frauen begleitet werden.

Im Mittelpunkt sollte nicht stehen, was die Porträtierten erreicht haben, sondern wie sie ihr Leben gestalten. Denn mitten im Leben stehen alle diese Frauen: als Politikerinnen, Sportlerinnen, Musikerinnen, Aktivistinnen, Unternehmerinnen, Schauspielerinnen oder auch Schriftstellerinnen. Jede Frau, mit der ich für das Buch gesprochen habe, nimmt uns mit in eine ganz eigene Welt.

Katharina Schulze, die zu den bekanntesten Politikerinnen der Grünen in Deutschland zählt, kehrt in der Erinnerung zurück in ihre Schulzeit und zu einer Lehrerin, die ihr vorlebte: Lass dich nicht bremsen, wenn du für etwas eintreten willst.

Die Schauspielerin Minh-Khai Phan-Thi erzählt von ihrer Mutter, einer energischen Fürsprecherin für Unabhängigkeit – und dafür, Mädchen und Frauen zu zeigen, dass sie ihre Chancen selbstbewusst nutzen müssen.

Die Schriftstellerin Ildikó von Kürthy spricht über die Bedeutung von Frauenfreundschaften, über Ehrlichkeit, gemeinsames Nachdenken und die Erfahrung, dass man sich im Leben eigentlich nie zu früh freuen kann.

Geschichten wie diese sind individuell und persönlich, aber auch Teil einer größeren gesellschaftlichen Erzählung, die Frauen bestärkt. Als Kamala Harris in einem Moment, in dem alle Welt zusah, von der Frau ihres Lebens erzählte, öffnete sie die Bühne ganz grundsätzlich für Frauen und würdigte gegenseitige Inspiration und Empowerment. Ihre Sätze sind auch ein Appell, es nicht als selbstverständlich anzusehen, dass der Prozess der Gleichberechtigung voranschreitet. Er muss vorangetrieben werden. Zum Beispiel, indem man über Vorbilder und Wegbegleiterinnen spricht, über die Freiheit, die Frauen haben sollten, wenn sie ihren Weg gehen.

Für das Buch interviewte ich auch die Unternehmerin und Journalistin Ciani-Sophia Hoeder, die das erste Online-Magazin für Schwarze Frauen in Deutschland gegründet hat. In dem Gespräch ging es unter anderem darum, dass Frauen, die etwas zum ersten Mal erreichen, oft viel Aufmerksamkeit bekommen. Die erste Frau als Bundeskanzlerin. Die erste Frau als Präsidentin der Europäischen Kommission. Die erste Vorstandsvorsitzende eines Unternehmens. Die erste und/oder jüngste Aufsichtsrätin. Die erste Nobelpreisträgerin in Medizin. Die erste Schwarze als US-Vizepräsidentin – diese Liste ließe sich fortsetzen. Aber über den Weg, den Frauen gehen müssen, um dort anzukommen, und über die damit verbundenen Gefühle wird wenig reflektiert. Es fordert ungeheure Energie, die Einzige und/oder Erste zu sein.

Dass die Bezeichnung «Feminist/in» nicht nur auf Frauen beschränkt ist und wie man diese Haltung lebt, hat übrigens der kanadische Regierungschef Justin Trudeau gezeigt: Er rief Männer wie Frauen dazu auf, sich selbst so zu nennen.

Einer für alle. Auch das gehört dazu, wenn wir eine gerechtere Welt wollen.

MINH-KHAI
PHAN-THI

MINH-KHAI PHAN-THI gehört zu Deutschlands bekanntesten Schauspielerinnen und Moderatorinnen. Sie wurde 1974 in Darmstadt geboren, zog im Alter von zehn Jahren mit den Eltern nach München. Mit siebzehn arbeitete sie als Model, nach dem Abitur jobbte sie für Produktions- und Castingfirmen. Schließlich wurde sie für den Sender Kabel 1 als Moderatorin entdeckt. Damals war sie zwanzig Jahre alt.

Nach eineinhalb Jahren wechselte sie zum Musiksender VIVA, wo sie das Live-Format «Interaktiv», die Reisesendung «Manhattan World Tour» und ihre eigene Interviewsendung «Minh-Khai and Friends» mit Gästen wie Harald Schmidt und Alfred Biolek moderierte. Vier Jahre später beendete sie die Zusammenarbeit mit dem Sender, widmete sich fortan dem Schauspiel und übernahm neben Fernseh- und Kinofilmen Rollen in Krimireihen wie «Tatort», «Nachtschicht» und «Notruf Hafenkante».

Minh-Khai Phan-Thi ist Drehbuchautorin und Regisseurin des Dokumentarfilms «Mein Vietnam – Land und kein Krieg». Mit ihrer Herkunftsgeschichte setzte sie sich in dem Buch «Zu Hause sein – Mein Leben in Deutschland und Vietnam» auseinander, das 2007 erschien.

In ihrem Podcast «anderssein» führt Phan-Thi mit wechselnden Gästen Gespräche über Gesellschaft und Individualität.

Minh-Khai Phan-Thi lebt mit ihrem Mann und ihren beiden Söhnen in Berlin. Sie schätzt die Stadt wegen ihrer Vielfalt und Kultur – und auch wegen des Sports: Phan-Thi ist Fan von Hertha BSC und den Basketballern von Alba Berlin. Sie ist seit 2013 Mitglied des Kuratoriums der Hertha-Stiftung.

Meine Mutter,
Alice Schwarzer – und Söhne,
die zu guten Männern werden

Von meinem Kinderzimmer aus konnte ich durch den Flur in unser Wohnzimmer sehen, wo meine Mutter abends oft noch am Schreibtisch saß. Wir lebten damals in Darmstadt, es war die Wohnung meiner Kindheit. Auch die erste meiner Eltern, seit sie 1969 aus Vietnam nach Deutschland gekommen waren, um hier zu studieren.

Dieser Blick zu meiner Mutter, wenn ich abends nicht einschlafen konnte, zeigt mir in der Erinnerung immer dasselbe Bild: Bücher und Papiere, ausgebreitet auf dem Tisch, ihr Kopf gebeugt über die Unterlagen, ein Stift in der Hand, der unablässig markiert. Sie studierte Chemie, mein Vater Papiertechnik.

Vor meiner Geburt gingen meine Eltern putzen und arbeiteten im Lager verschiedener Firmen, um neben dem Studium ihren Lebensunterhalt zu verdienen. Als ich zur Welt kam, gab meine Mutter ihre Nebenjobs auf und konzentrierte sich ganz auf mich und ihr Studium, um möglichst schnell fertig zu werden, während mein Vater noch etwas dazuverdiente, indem er Zeitungen austrug.

Meine Mutter war dreiundzwanzig Jahre alt, als sie mich bekam. In Vietnam ist das nicht jung, aber in dem Leben, das meine Mutter für sich geplant hatte, war es eine große Herausforderung: Kind, Universität, Prüfungen, die nicht aufgeschoben werden konnten – und eine andere Kultur, eine andere Sprache. Keine Großeltern in der Nähe, die sie hätten unterstützen können. Alle Verwandten lebten in Vietnam.

Trotzdem gelang es meinen Eltern, mir eine Kindheit zu geben, die in der Rückschau voller schöner Erinnerungen ist. Besonders hat sich mir eingeprägt, wie geräuschlos meine Mutter alles tat. Sie klagte nie darüber, müde zu sein, vom Lernen, vom Arbeiten, den kurzen Nächten, in denen sie oft nicht durchschlief wegen ihres kleinen Kindes, wegen mir. Ich idealisiere diese Zeit vielleicht, aber ich hatte nie das Gefühl, dass meine Mutter ihr Leben als anstrengend empfand. Sie war sehr zielstrebig, plante sehr genau. Ihr Studium schloss sie als eine der besten Absolvent*innen ab. Nach unserem Umzug von Darmstadt nach München begann sie, als Chemikerin zu arbeiten. Ich war damals zehn Jahre alt.

Oft nahm meine Mutter mich am Wochenende für ein paar Stunden mit ins Labor. Ich saß mit einem Malbuch auf dem Boden, gerne unter dem Schreibtisch. Der Geruch des Labors ist unvergesslich, nach Chemikalien. Auch die Haltung meiner Mutter: nur nichts auf morgen zu verschieben. Ich mochte es, bei ihr zu sein.

Ich fühlte mich nie vernachlässigt, aber es war doch anders, als ich es heute oft beobachte. Wenn ich an meine beiden Söhne denke, an Freunde, ganz grundsätzlich an Kinder in der Stadt – wir leben in Berlin –, habe ich den Eindruck, dass das Leben der Kinder doch sehr im Mittelpunkt des Elternalltags steht. Solange die Balance stimmt, warum nicht? In meiner Kindheit rahmte der Alltag meiner Eltern mein Leben ein.

Heute würde man vielleicht sagen: Ich lief mit. Ob es

mir gut ging oder nicht, war sicher keine Nebensache. Aber meine Aktivitäten standen weniger im Mittelpunkt, als ich das heute bei manchen Kindern erlebe.

Ich sah meiner Mutter zu, wie sie lebte, was sie anpackte, was ihr wichtig war. Unbewusst übernahm ich sicher viel von ihr, vor allem ein Verständnis davon, was es bedeutet, Chancen zu haben: die Chance auf eine gute Ausbildung, auf Eigenständigkeit im Beruf und überhaupt darauf, den eigenen Weg selbst gestalten zu können.

Meine Mutter hatte den festen Vorsatz, Geld zu verdienen. Mein Vater war einverstanden, er wollte nicht, dass sie ihre Ziele zugunsten der Familie zurückstellt. Sie wollte nicht, dass nur er berufstätig ist und allein in der Pflicht, finanziell für die Familie zu sorgen. Ich kann nicht sagen, ob die beiden viel darüber diskutiert haben – oder ob sie sich einfach nur ähnlich waren in ihrer Haltung dem Leben gegenüber und in ihrer Lust darauf, sich eine Bildungs- und Lebenswelt zu erschließen. Jedenfalls unterstützten sie sich gegenseitig sehr, und beide kümmerten sich um mich. Was ich als Kind sah, waren sehr aktive Eltern, mit einer modernen Rollenverteilung und zugleich Wurzeln in der vietnamesischen Kultur, wenn es etwa um den hohen Stellenwert und Status von Familie ging.

Geheiratet hatten meine Eltern sehr jung. Eigentlich lernten sie sich erst in Deutschland wirklich kennen, und möglicherweise brachten die Studentenbewegung, die Ende der sechziger Jahre in vollem Gange war, oder auch die Frauenbewegung für sie wichtige Impulse. Vor kurzem habe ich durch Zufall eine Werbung aus den fünfziger Jahren gesehen, da hieß es: «Eine Frau hat zwei Lebensfragen: Was soll ich anziehen? Was soll ich kochen?» Meine Mutter vermittelte mir etwas ganz anderes: «Überleg dir genau, was *du* willst. Erkenne *deine* Chancen.» Und auch wenn sie selbst früh geheiratet hatte, sagte sie zu mir: «Schau dir das Leben an, lass dir Zeit, bevor du dich bindest.»

Diese Offenheit entsprach ihrer eigenen Freiheit und natürlich auch ihrem Verhältnis zu meinem Vater. Hätte er auf einer traditionellen Rollenverteilung bestanden, wäre ihre Beziehung eine andere gewesen und ihr Rat an mich wohl zwischen die Fronten der Überzeugungen geraten. Die beiden hatten das Glück, zueinanderzufinden, obwohl sie sich vor der Heirat kaum kannten. Sie sind bis heute zusammen, und dazu gehört sicher auch, sich weiterzuentwickeln. Was ich besonders an ihnen schätze, ist ihre Begeisterungsfähigkeit und ihre Bereitschaft, neue Schritte zu wagen. Ich bin im Jahr 2000 nach Berlin gezogen. Sie gaben ihr Leben in München auf und zogen ebenfalls nach Berlin, um in meiner Nähe zu sein. Als ich 2015 an der Show «Let's Dance» teilnahm, verpassten sie keine Folge der Sendung. Sie saßen immer im Publikum. Meine Mutter kochte für meinen Tanzpartner. Sie öffnet Menschen das Herz mit ihrer Herzlichkeit.

Meine Mutter wollte beruflich vielleicht sogar mehr als mein Vater. Ein vietnamesisches Restaurant, das war ihr lange gehegter Wunsch. Als ich vierzehn Jahre alt war, verwirklichte sie in München, nicht weit von der Theresienwiese entfernt, ihren Traum. Gut vorbereitet, mit der üblichen Gewissenhaftigkeit und Energie. Um Erfahrungen als Köchin zu sammeln, hatte sie etwa ein Jahr lang an den Wochenenden in einem Restaurant gearbeitet. Meine Kindheitserinnerungen sind unweigerlich auch mit Essen verbunden. Meiner Mutter war es wichtig, alle Bereiche zu beherrschen, um ihr eigenes Restaurant zu einem guten zu machen. Auf die Karte kamen die Rezepte ihrer Kindheit.

Ich sah ihren Enthusiasmus und ihr Glück, und ich freute mich für sie. Gleichzeitig hatte ich hundert andere Dinge im Kopf, die mich mehr interessierten – ich war Teenager: Die Aussicht, regelmäßig mithelfen zu müssen, versetzte mich nicht gerade in Begeisterung. Ich sagte ihr das auch, trotzdem ließ sie mich nicht aus der Pflicht. Letztlich verpasste ich keine Schicht. Irgendwie konnte ich wohl nicht anders, nachdem meine Eltern ja auch nie Pausen einlegten. Es schien für sie nie zu viel Arbeit, auch später nicht, als sie schon älter waren. Keiner von beiden beschwerte sich je über Stress und Anspannung.

Das Einzige, worüber sie sich beklagten, zumindest anfangs, war meine Idee, Moderatorin und Schauspielerin zu werden. Meine Mutter noch mehr als mein Vater. Als ich ihnen gegen Ende meiner Schulzeit davon erzählte, waren sie erst sehr überrascht, was dann umschlug in eine Mischung aus Sorge und Kritik. Beide wünschten sich, dass ich studiere. In der vietnamesischen Kultur haben akademische Lebensläufe meinem Empfinden nach einen noch höheren Stellenwert als hier. Wer studiert hat, der *ist jemand*. Natürlich wollten sie, dass ich *jemand werde*.

Dass ein Studium Chancen eröffnet, ist ja nicht zu bestreiten. Ich konnte sie also gut verstehen. Aber ich war überzeugt von meinem Vorhaben, und meine Mutter hatte mir vorgelebt, selbständig zu sein und dass Hartnäckigkeit zum Ziel führt. Also blieb ich hartnäckig. Und sie halb hartnäckig.

«In Ordnung. Schau, wie weit du in einem Jahr kommst», sagten meine Eltern schließlich. «Wenn du auf der Stelle trittst, dann überleg neu.»

Das sollte kein Druckmittel sein, und ich verstand es auch nicht so – für meine Mutter war immer klar, dass man sich einen Rahmen setzt und nicht einfach mal ein bisschen herumprobiert und schaut, wo einen das Leben so hinweht.

1994 machte ich Abitur. Ein halbes Jahr später moderierte ich bei dem Sender Kabel 1 die «Hugo Show» und kurz darauf beim Musiksender VIVA die Sendungen «Interaktiv», «Manhattan World Tour» und «Minh-Khai and Friends».

Das eigentlich Bestärkende war, dass meine Mutter, nachdem wir unseren Kompromiss gefunden hatten, nicht mit mir oder meinem Weg haderte. Sie unterstützte mich, sie begleitete mich – das Netz, das mich immer auffangen würde, gab es nach wie vor. Es ist bis heute da.

Es gibt auch andere Frauenbilder aus meiner Kindheit und Jugend, die mir unvergesslich sind. Wie das Leben von Frauen verlaufen kann, hat mich schon immer sehr beschäftigt.

Letzteres hat wohl auch damit zu tun, dass ich von zwei Kulturen geprägt wurde. Es gab sehr unterschiedliche Einflüsse, die von Beginn an da waren und die ich, bis ich älter wurde, als ganz selbstverständlich annahm. Dazu gehörten die Reisen nach Vietnam, zu meinen Großeltern, die immer wunderbar waren. Zwar schien mir der Flug nach Ho-Chi-Minh-Stadt als Kind endlos und die Fahrt über staubige Straßen mit tiefen Fahrrinnen bis zum Dorf meiner Großeltern wie eine Weltreise – aber dort angekommen, war kein Tag zu lang. Ich genoss die Freiheit des überschaubaren Dorflebens. Jeder kannte jeden. Ich war überall zu Hause, liebte die Geschichten, die mir erzählt wurden, und die Warmherzigkeit, die ich erlebte. Diese Reisen waren auch ein Nachhausekommen.

Zur Geschichte meiner Familie mütterlicherseits gehört, dass ich zwei Großmütter hatte. Die erste Frau meines Großvaters nannte ich «große Oma». Mein Großvater hatte sich von ihr getrennt, weil sie keine Kinder bekamen. Danach hatte sie für meinen Großvater eine neue Frau mit ausgesucht – meine «Oma». Beide liebte ich, und mit beiden verbrachte ich viel Zeit. Meine «große Oma» lebte nur ein paar Minuten vom Haus meines Großvaters und meiner «Oma» entfernt. Die beiden Frauen gingen herzlich und achtsam miteinander um – mir kam es als Kind nie fremd oder seltsam vor, dass mein Großvater ein zweites Mal geheiratet hatte und seine erste und seine zweite Frau sich nahestanden. Meine «große Oma» hatte nach der Trennung drei Waisenkinder adoptiert, die für mich wie Cousinen und Cousins waren.

Eine andere Sichtweise auf das Leben meiner «großen Oma» wuchs in mir erst später, als ich eine junge Frau und sie schon verstorben war. Ihre Geschichte war geprägt vom Patriarchat und von dem Zwang, Kinder zu bekommen. Mein Großvater hätte die Wahl gehabt, sich aus diesen Strukturen zu lösen – sie hatte sie nicht. Es liegt sicher an der Lebenshaltung meiner Mutter, dass sie und dann auch ich diese Lebensverläufe kritisch reflektierten. Aber wir sahen auch das Gute darin: wie zwei Frauen zueinanderstanden und sich wertschätzten – statt zu Rivalinnen zu werden. Das war ein starker Einfluss im Leben meiner Mutter und auch in meinem. Die Lehre für mich war, dass sich Frauen nie gegenseitig abwerten sollten.

Meine Mutter zum Beispiel ging ihren Weg, und ich

hatte nie den Eindruck, sie befände sich mit anderen Frauen im Wettbewerb. Verbissen. Unter Druck. Die Dynamik, die sich aus Konkurrenzdenken ergibt, richtet sich ja nicht nur nach außen, sondern auch gegen einen selbst.

Ich trage die Bilder der beiden Großmütter in mir und lebe letztlich in dem starken Bewusstsein, mit anderen Frauen solidarisch zu sein. Ob im Privatleben oder als Schauspielerin am Set.

Wenn ich darüber nachdenke, welche Rollen für mich in den letzten Jahren wichtig waren, komme ich zuerst auf die der Kommissarin in der Krimireihe «Die Nachtschicht», die ich ab 2002 gespielt habe. Damals erhielt ich für die Rolle viel Aufmerksamkeit, weil zum ersten Mal eine Schauspielerin mit asiatischem Hintergrund als Kommissarin besetzt wurde. Für mich war es großartig, zum festen Ensemble von «Nachtschicht» zu gehören, und meine Kollegin Barbara Auer wurde zu einer Freundin und Mentorin. Wettbewerb gab es zwischen uns nicht. Durch diese Rolle eröffneten sich für mich neue Räume – und ganz grundsätzlich war meine Besetzung ein wichtiger Schritt hin zu mehr Diversität in deutschsprachigen Filmen und Fernsehformaten. Es wird dadurch auch ein neues Erzählen ermöglicht. Auf jeden Fall gibt es Bewegung in die richtige Richtung – auch wenn noch viele Schritte zu gehen sind, bis die Besetzung in Filmen und Serien wirklich widerspiegelt, wie wir heute in Deutschland leben.

Insbesondere in den letzten Jahren habe ich gemerkt, dass es mir wichtig ist, über Diversität und eine offene Gesellschaft zu sprechen, aber auch über rassistische Erfahrungen – in meinem eigenen Leben, im Leben anderer. Es war keine leichte Entscheidung, doch nach vielen guten und erfolgreichen Jahren gab ich meine Rolle bei «Nachtschicht» auf, auch um mein eigenes Podcast-Format zu machen: «anderssein». Ich bin darin die Gastgeberin, führe Gespräche mit wechselnden Gästen – mir geht es darum zu thematisieren, dass jeder von uns anders ist im Sinne von Einzigartigkeit und Individualität. Dabei gibt es auch eine andere Seite des Andersseins, die mit Ausgrenzung und Abwertung zu tun hat. Ich gehe mit meinen Gästen der Frage nach: Wie stehen wir zu dem Begriff «Anderssein»? Wo fängt die Verantwortung jedes und jeder Einzelnen an? Ich selbst sehe es als meine Verantwortung an zu zeigen, wie vielschichtig Lebensgeschichten sein können und wie wertvoll sie für unsere Gesellschaft sind.

Heute fließen all die Einflüsse aus der deutschen wie aus der vietnamesischen Kultur in meinem Leben sehr selbstverständlich zusammen. Ich habe meinen Weg gefunden. Als Jugendliche beschäftigte ich mich noch oft mit der Frage, wo ich mehr hingehöre. Mit Mitte zwanzig habe ich gelernt zu sagen, dass ich nicht *zwischen*, sondern *mit* den Kulturen lebe, dass es gar nicht darum geht, welcher Einfluss nun stärker ist. Im Jahr 2003 drehte ich den Dokumentarfilm «Mein Vietnam – Land und kein Krieg», um darin die beiden kulturellen Prägungen zu verarbeiten. Ein paar Jahre später schrieb ich ein Buch: «Zu Hause sein – Mein Leben in Deutschland und Vietnam».

Im Jahr 2008 engagierte sich Minh-Khai Phan Thi im Rahmen des Europäischen Jahres des interkulturellen Dialogs als Botschafterin in Deutschland.

Diese Aufgabe war Teil einer Kampagne der Europäischen Kommission, die den Austausch fördern und die Wertschätzung unterschiedlicher Kulturen stärken sollte. Zu Minh-Khai Phan-This sozialem Engagement gehört auch ihre Unterstützung der Organisation ONE, der Welthungerhilfe und der Kampagne «Stark im Beruf» des Bundesministeriums für Familie.

Ein Sprung zurück, noch einmal in die Zeit, als ich schon paar Jahre Moderatorin bei VIVA war.

Damals wurde noch eine andere Frau sehr prägend für mich: Alice Schwarzer. Ich fing an, mich intensiver mit ihrer Biographie zu beschäftigen, las ihre Artikel und Bücher. Rückblickend kann ich sagen: Zu verfolgen, wie Alice Schwarzer sich in die großen gesellschaftlichen Debatten unserer Zeit einbrachte, hat meinen Blick geschärft. Ich stimme nicht immer mit den Schlüssen überein, zu denen sie kommt. Was ich aber ganz grundsätzlich als bestärkend empfinde, ist ihr Mut dagegenzuhalten. Tabus zu brechen. Ihr Kampf gegen den Abtreibungsparagraphen 218 mitsamt der Aktion «Ich habe abgetrieben!» auf dem Titel des Magazins «Stern» hat mich als junge Frau dazu angeregt, über Frauen und das Recht am eigenen Körper nachzudenken. Ebenso hat Alice Schwarzers Kampf gegen Sexismus und für gleichberechtigte Arbeitsverhältnisse meine Sicht geprägt.

Sicher geht es vielen Frauen so, dass sie sich nach einigen Jahren Berufstätigkeit fragen: Wie läuft es eigentlich für mich? Habe ich meine Bestimmung gefunden? Wie werde ich von außen wahrgenommen? Bin ich zufrieden mit dem, was ich mache? So war es bei mir auch. Hinzu kam durch die Arbeit bei VIVA, dass ich in der Öffentlichkeit stand und auch da meinen Weg finden musste.

1999 entschied ich mich, als Moderatorin bei VIVA aufzuhören. Die vergangenen vier Jahre waren eine gute und wichtige Zeit gewesen. Manches passte aber nicht mehr, so wie das öffentliche Bild von mir: immer gut gelaunt und witzig. Damals war ich immer «Minh-Khai», als hätte ich keinen Nachnamen. Das ewige Mädchen. Ich wollte mehr Ernsthaftigkeit. Für mich. Auch in der Art, wie ich wahrgenommen werde.

Einige Erfahrungen als Schauspielerin hatte ich neben meiner Tätigkeit bei VIVA schon gesammelt, aber bekannt und erfolgreich war ich als Moderatorin. Mein damaliger Agent zog nicht mit, als ich mit ihm über meinen Entschluss sprach. «Wenn du jetzt aufhörst, kommst du nicht mehr auf die Beine», sagte er.

Da endete unsere Zusammenarbeit.

Ich konzentrierte mich fortan aufs Schauspiel. 2001 erhielt ich für meine Leistung in dem Kurzfilm «Schattenwelt» den Silver Scales Award als beste Darstellerin. Für meine Rolle in dem Fernsehfilm «Die Novizin» erhielt ich viel Lob. Ich stand fest auf meinen Beinen.

Ich zog damals viel Inspiration aus Alice Schwarzers Haltung, keine Angst vor Konfrontation zu haben. Mädchen und Frauen kann ich dazu nur ermutigen. Man darf sich keine Angst machen lassen, auch wenn man von einem bis dahin erfolgreichen Weg abweicht. Man kann nur selbst bestimmen, was für einen richtig ist. Auch meine Mutter bestärkte mich. Ich fand eine neue Agentin. Wir arbeiten noch immer zusammen. Sie ließ mir Zeit, als Schauspielerin einen Weg zu finden. Sie drängte nie, im Gegenteil: Sie berät mich bis heute mit viel Umsicht.

Gerade lese ich «Lebenswerk», den zweiten Teil von Alice Schwarzers Autobiographie. Ich habe sie als Gast in meinen Podcast eingeladen – ihren Mut, Impulse zu setzen, damit die Gesellschaft sich weiterentwickelt, finde ich nach wie vor beeindruckend. Über die Jahre ist sie für mich eine Begleiterin geworden, in meinen Gedanken und in meinem Bewusstsein dafür, welches Frauenbild ich transportieren möchte. Durch die Auseinandersetzung mit ihr habe ich zum Beispiel gelernt, selbst zu bestimmen, wann ich über mein Aussehen oder meine Herkunft spreche. Allein die Tatsache, in der Öffentlichkeit bekannt zu sein, bedeutet nicht, dass man jedem Rede und Antwort stehen muss.

Es gab einen Schlüsselmoment für mich, kurz nach der Geburt meines zweiten Sohnes. Bei einer Kinopremiere fragte mich ein Journalist nicht nach dem Film, nicht nach meiner Arbeit und auch nicht nach zukünftigen Projekten, sondern: wie ich es geschafft hätte, wenige Wochen nach der Geburt schon wieder dünn zu sein. Er schob nach: ob das vom Stillen komme. Ich hätte ihm sagen sollen, dass ich so nicht bewertet und befragt werden möchte. Aber seine Fragen überrumpelten mich in ihrer Direktheit, und ich antwortete: «Dass ich so schnell abgenommen habe, ist wohl Veranlagung. Ich stille gar nicht, das klappt bei mir auch gar nicht so gut und macht keine Freude.» Die Reaktionen, die ich in den nächsten Tagen auf meinen Social-Media-Accounts fand, verschlugen mir die Sprache: Beleidigungen, Beschimpfungen, hasserfüllte Fragen wie die, warum ich überhaupt Mutter sei, wenn ich mein Kind nicht mal stillen wolle.

Was ich seit dieser Erfahrung noch bewusster vertrete: Ich selbst entscheide als Frau, über welche Themen ich mich äußere. Ich selbst bestimme die Regeln für das öffentliche Gespräch. Dabei bin ich durchaus bereit, mich kritischen Fragen zu stellen. Aber doch lieber zu Themen, die bereichern. Zum Beispiel darüber, wie Mütter ihre Kinder begleiten – oder in meinem Fall: wie ich meine Söhne begleite.

Einer der beiden ist schon ein Teenager, und natürlich fließt meine Haltung in unseren Alltag ein. Er hilft im Haushalt, kümmert sich um seinen jüngeren Bruder – und er macht das gerne. Es ist ganz normal. Nicht typisch Frau, nicht typisch Mann, sondern typisch für uns. Gemeinsam.

KATHARINA SCHULZE

Die «Süddeutsche Zeitung» schrieb vor einigen Jahren, Katharina Schulzes Energie sei manchem Mitstreiter und Gegner fast schon unheimlich. Ihr Stil ist unverwechselbar, direkt und ohne Schnörkel. Sätze wie «Hey, ich bin die junge Generation» sind typisch für sie, ebenso wie ihr Tempo, wenn sie spricht. Vor allem aber hat sie sich in den letzten Jahren mit ihrem Einsatz für Nachhaltigkeit und Klimaschutz profiliert. Für Chancengleichheit und Gleichberechtigung. Für Freiheit und Bürgerrechte.

Katharina Schulze ist eine der bekanntesten Politikerinnen der Grünen in Deutschland und in der Grünen-Fraktion im Bayerischen Landtag zugleich deren Vorsitzende. Seit November 2019 ist sie Mitglied im Parteirat und vertritt die bayerischen Grünen auch auf Bundesebene. Im Landtagswahlkampf 2018 war sie in Bayern Spitzenkandidatin der Grünen; die Partei erreichte mit 17,6 Prozent der Stimmen ihr historisch bestes Ergebnis.

Geboren 1985, wuchs Katharina Schulze in Herrsching am Ammersee auf. Nach dem Abitur studierte sie Interkulturelle Kommunikation, Politikwissenschaft und Psychologie in München und an der University of California in San Diego. Zu den Frauen, die sie bewundert, gehört Eleanor Roosevelt, eine bedeutende Menschenrechtsaktivistin, die «viel mehr war als nur die First Lady der USA».

Aber prägend, sagt Katharina Schulze, sei für sie vor allem eine Lehrerin gewesen.

Meine Theaterlehrerin – und warum Auftritte nicht immer laut sein müssen

Bei uns an der Schule gab es jedes Jahr eine Theateraufführung. Immer am Ende des Schuljahres, kurz vor den Sommerferien, die in Bayern beginnen, wenn der Sommer schon heiß ist und jeder sich wünscht, möglichst den ganzen Tag am See zu liegen.

Die Aula der Schule war trotzdem immer voll. Auch bei wolkenlosem Himmel und wunderbarer Abendsonne. So gut waren die Aufführungen. Ich bin in Gilching nahe München zur Schule gegangen. Der halbe Ort kam an den Abenden, an denen gespielt wurde. Nicht nur die Eltern der Schülerinnen und Schüler, die auf der Bühne standen.

Ich weiß noch, wie ich – damals in der neunten Klasse – völlig verzaubert eine der Aufführungen sah und dachte: Das möchte ich auch können. So spielen wie die «Großen». Theater war bei uns ein Schulfach. Ab der zwölften Klasse konnte man Dramatisches Gestalten, wie es hieß, als Grundkurs wählen. Geleitet wurde der Kurs von einer Lehrerin, die eigentlich gar keine war. Ingrid Storz, die dreißig Jahre an großen Theatern gespielt und dann in den USA Regie und Scriptwriting studiert hatte. An unserer Schule war sie die Ausnahme, in vielerlei Hinsicht. Keine, die sich unauffällig verhielt. Immer auf der Suche nach neuen Ideen und Herausforderungen. Das bekam unser Direktor öfter zu spüren, und abgesehen von den großartigen Theateraufführungen war Ingrid Storz schon deshalb interessant.

Vielleicht lag es an ihrem Leben in den USA, dass sie die Haltung «Das war schon immer so» nie gelten ließ. Ganz selbstverständlich und selbstbewusst setzte sie sich für Veränderungen ein. Etwa dafür, dass wir jedes Jahr eine Theater-Studienfahrt machen durften. Fünf Tage, um uns weiterzubilden und intensiv zu arbeiten. Das war an unserem eher konservativ geprägten Gymnasium etwas ganz Neues. Ein Glück für uns.

Heute blicke ich mit meiner feministischen Prägung und dem Wissen über strukturelle Ungleichheit auf meine Schulzeit, auch mit dem Wissen, durch welche Mechanismen das Patriarchat bis heute erhalten bleibt. Ingrid Storz stach aber nicht nur heraus, weil sie eine selbstbewusste Frau war, sondern auch, weil sie dafür eintrat, dass Dramatisches Gestalten genauso wichtig war wie Mathematik oder Latein. Kunst und Theater seien für die Entwicklung von Kindern und Jugendlichen entscheidend. Kinder hätten per Grundgesetz ein Recht auf Bildung, ebenso auf freie Meinungsäußerung und Beteiligung. Danach waren die Skeptiker argumentativ am Ende – und ich begriff damals, dass Schule auch Politik ist. Ingrid Storz' Hartnäckigkeit prägte mich. Ihre Einstellung: Kultur ist mehr als nur Unterhaltung, schöngeistige Ablenkung. Theater ist harte Arbeit – und eine Schule des Lebens. Wie trete ich auf? Wie spreche ich? Wie diszipliniert gehe ich an die Sache ran? Bin ich bereit dazu, in der Gruppe zu arbeiten? Denn nur gemeinsam gelingt eine Aufführung, die wirklich glänzt.

Dass mir Kultur so am Herzen liegt, geht nicht zuletzt auf ihren Unterricht zurück. Dass ich hart arbeite und

Kritik einstecken kann, ebenfalls. Mir wurde klar, dass man sich für die Dinge, die man für wesentlich hält, einsetzen muss. Und dass man in der Zusammenarbeit mit anderen Menschen Außergewöhnliches schaffen kann. Ingrid Storz brachte die halbe Schülerschaft in Bewegung. Der Kunst-Leistungskurs entwarf das Bühnenbild für die Aufführungen – und Plakate, die wir aufhängten. Die Radio-AG nahm Slogans auf, um damit das Stück zu bewerben, und machte Interviews mit unserem Ensemble. Der Chor war oft Teil der Aufführung und das Schulorchester ebenfalls.

Ingrid Storz hatte gute Beziehungen zu Theatern in München, bei denen wir uns Kostüme liehen. Sie führte alle Fäden zusammen, und nicht nur die Teilnehmenden ihres Kurses waren ungeheuer stolz, wenn das Publikum nach der Premiere stehend applaudierte – auch all die anderen, die geholfen hatten. Damit schuf sie ein besonderes Zusammengehörigkeitsgefühl.

Ingrid Storz machte so viel mehr aus ihrer Arbeit, als sie eigentlich gemusst hätte. Auch das war für mich prägend. Wer sich für eine Sache begeistert, gibt alles. Und zählt nicht akribisch nach, wie viel Arbeit es am Ende ist. Das Ganze hatte etwas Mitreißendes, da hat Ingrid Storz viel bewirkt.

Das ist meine Perspektive in der Rückschau. Als Neuntklässlerin sah ich: eine coole Lehrerin, wahnsinnig gut vorbereitete Theateraufführungen, Schauspielerinnen und Schauspieler. Auch sie waren sehr cool, wie ich fand. Und: ein beeindruckendes Zusammenspiel von Licht, Bühnenbild, Kostümen, Orchester – alles war auf hohem Niveau, groß gedacht, aber greifbar für uns Schülerinnen und Schüler.

Ich wollte wissen: Kann ich auch in verschiedene Rollen schlüpfen auf der Bühne? Die Idee, ganz unterschiedliche Charaktere zu verkörpern, reizte mich. Dafür muss man experimentieren, sich etwas trauen. An eine große Schauspielerkarriere dachte ich nie, das nicht. Keine heimlichen Hollywood-Träume. Aber in dem Kurs wollte ich dabei sein.

Also sprach ich Ingrid Storz an. Spontan, nach dieser Aufführung, die mich so beeindruckt hatte. Ich bin nie besonders schüchtern gewesen, das half. Denn eigentlich war es ja ein Kurs für die Oberstufe. Ob sie überrascht war, als ich sie fragte, ob ich bei der nächsten Aufführung mitmachen dürfe? Wenn ja, war es ihr nicht anzusehen.

Bei der ersten Probe im neuen Schuljahr wurde mir schnell klar: Sie wusste schon jetzt bis ins kleinste Detail, was das Publikum im Juli des kommenden Jahres zu sehen bekommen sollte. Anfangs ging es gar nicht um das Stück, sondern um uns. Haltung. Gang. Mimik. Gestik. Improvisation. Identität. Ich sehe Ingrid Storz vor mir sitzen, immer auf den Treppen, die zur Bühne führen, während ein Teil der Gruppe dort zugange war. Wer nicht dran war, saß auf den Zuschauerbänken. Immer in Reichweite. Aufmerksamkeit war immer gefragt, auch wenn man nicht spielte. Warum? Man sollte sich einhören in die Sprache, den Stil des Stückes und seine Geschichte. Manchmal waren die Scheinwerfer auch schon an, es sollte sich echt anfühlen auf der Bühne. Echt, wie bei der Premiere.

Als wir dann, später, mit der Arbeit an dem Stück begannen – das Musical «Cabaret» aus dem Jahr 1966 –, saß Ingrid Storz an ihrem Platz auf der Treppe, jetzt mit Skript auf den Knien. Ich übernahm die Rolle der Lulu, die in dem gleichnamigen berühmten Nachtclub auftritt. Lulu ist selbstbewusst und eine unglaubliche Performerin – das war also meine erste Herausforderung auf der Bühne.

Ingrid Storz sagte uns immer wieder, dass man sich zutrauen kann, sichtbar zu sein. Das waren andere Impulse als die, die man als junge Frau damals sonst so hörte. Wir siezten unsere Lehrerin übrigens alle, das war ganz klar. Der Ton zwischen uns war locker, aber sie bestand doch auf einer gewissen symbolischen Distanz. Wenn sie das Gefühl hatte, dass wir an einer Szene noch arbeiten mussten, legte sie immer erst einmal das Manuskript neben sich. Da wussten wir schon: Jetzt kommt sie gleich auf die Bühne. Dann stürmte sie in langen Schritten runter. Dabei strahlte sie eine ungeheure Energie aus. Ingrid Storz ist eine kleine Frau, höchstens einen Meter fünfundsechzig groß, und trotzdem imposant. Die roten Haare trug sie kurz, die Schultern stets gerade.

Wie oft sie Szenen mit uns durchging! Wieder und wieder. Wenn wir protestierten, wir seien zu müde, ließ sie uns das nicht durchgehen. «Ich kann nicht mehr» gab es nicht. «Keinen Bock mehr» schon gar nicht.

Sie hatte viel Humor und ein lautes, singendes Lachen, aber vor allem war sie diszipliniert, anspruchsvoll und streng. Trotzdem habe ich mich auf der Bühne nie bloßgestellt gefühlt, wenn sie mich kritisierte und verbesserte.

Ingrid Storz gab uns viel Raum, um zu experimentieren und in Rollen hineinzufinden. Ungeduldig war sie nicht, nur eben sehr genau. Alles oder nichts. Jeden Freitagnachmittag hatten wir Probe. Wer sich noch dunkel an die Schulzeit erinnert, hat wahrscheinlich den Klang des Unterrichtsgongs im Ohr – Freitag, 13 Uhr, war

Schluss. Manche Mitschüler hatten morgens schon ihre Schwimmsachen eingepackt und fuhren direkt mit dem Fahrrad ans Wasser. Nur die Theatergruppe blieb, und nicht etwa nur eine Stunde länger. Unsere Proben gingen immer mindestens bis 17 Uhr. Manchmal arbeitete Ingrid Storz mit uns sogar in Einzelstunden, also nur sie und der Schüler oder die Schülerin, das erlebte auch ich.

Eine andere für mich tolle und prägende Aufführung war William Shakespeares «Wie es euch gefällt». Ich spielte Rosalinde, eine junge Frau, die sich im Laufe des Stücks entscheidet, ihr Schicksal selbst in die Hand zu nehmen, was mir natürlich gut gefällt. Gemeinsam mit ihrer Freundin Celia beschließt Rosalind zu fliehen – vom Hof eines Herzogs, der ihr zunehmend weniger gefällt, der sie verbannt und ihr nach dem Leben trachtet –, und zwar verkleidet als Mann, als Ganymede. Ich spielte also sowohl einen Mann als auch eine Frau.

«Antigone» haben wir im folgenden Jahr gespielt. Ich war die Erzählerin, stand auf der Bühne umgeben von einem schwarzen, sehr reduzierten Bühnenbild. Der Fokus lag allein auf mir, so war die Inszenierung angelegt. Das war noch einmal eine ganz andere Erfahrung als in «Cabaret» oder «Wie es euch gefällt».

Im Nachhinein verklärt man wohl immer ein wenig. Es gab in diesen langen Phasen der Vorbereitung sicher auch Momente, in denen ich genervt war. In denen ich meinen Text nicht richtig gelernt hatte. Anderes im Kopf hatte. Was ich aber noch sehr genau in meiner Erinnerung nachspüren kann, ist das Zusammengehörigkeitsgefühl. Gruppenbindung, das weiß man aus vielen wissenschaftlichen Studien, trägt ungemein dazu bei, zu guten Ergebnissen zu kommen. Das so intensiv zu erleben war eine Erfahrung, die ich auch in meine Arbeit als Politikerin mitgenommen habe.

> Katharina Schulze begann ihre politische Laufbahn schon früh. Als Dreiundzwanzigjährige war sie für zwei Jahre Vorsitzende der Grünen Jugend in München, danach Vorsitzende der Münchner Grünen. Sie organisierte zwei erfolgreiche Bündnisse und deren Kampagnen gegen den Bau der dritten Startbahn am Münchner Flughafen und gegen die Bewerbung für Olympische Winterspiele in München.
> Seit 2013 vertritt Katharina Schulze als Abgeordnete den Stimmkreis München-Milbertshofen im Bayerischen Landtag. Sie wurde erst stellvertretende Vorsitzende der Grünen-Landtagsfraktion und Sprecherin für Innenpolitik, Sport und Strategien gegen Rechtsextremismus, außerdem Mitglied im Ausschuss für Innere Sicherheit, Kommunale Fragen und Sport und Mitglied des Parlamentarischen Kontrollgremiums. Seit 2017 ist sie Vorsitzende der Landtagsfraktion.

Zunächst aber war ich als Schülersprecherin aktiv. Ab der Mittelstufe war ich an unserem Gymnasium in der Schülervertretung. Ich nahm auch an den Treffen teil, bei denen Schülervertreter und Lehrer zusammenkamen. Das war für mich ganz selbstverständlich: Wenn ich dort etwas für uns Schüler bewirken konnte, ging ich natürlich hin. An unserer Schule setzte ich einige Aktionen durch, die es vorher nicht gegeben hatte.

Anlässlich des Welt-Aids-Tags etwa verkaufte die

Schülervertretung Kondome in der Aula, anstatt nur rote Schleifen zu verteilen. Die Schleifen waren weltweit ein Symbol geworden für den Kampf gegen die Immunschwächekrankheit. Kondome zu verkaufen, dachten wir uns in der Schülervertretung, schafft mehr Aufmerksamkeit und bringt ja auch wirklich etwas. Als ich unserem Direktor das erste Mal von der Idee erzählte, musste er tief Luft holen. Dann sagte er erst einmal lange gar nichts. Letztlich überzeugte ich ihn.

Begeistert war er anfangs auch nicht über meinen Vorschlag, uns Schülern unterrichtsfrei zu geben, damit wir in München an Demonstrationen teilnehmen konnten. Wir wollten zum Beispiel gegen den Irakkrieg protestieren. Das geht nicht, sagte unser Direktor. Ich hielt dagegen. Am Ende sind wir gefahren. Wir hatten immer Streitpunkte, aber er war immer gesprächsbereit. Das rechne ich ihm an. Wir mussten ja miteinander können – es ging mir nicht um die harte Auseinandersetzung um der Auseinandersetzung willen, sondern darum, ihn von unseren Ideen zu überzeugen und Veränderungen anzustoßen.

Mir hat meine Schule viele Räume und Möglichkeiten eröffnet, und ich habe sie auch genutzt. Dass ich acht Jahre später im Bayerischen Landtag sitzen würde, hätte ich in der 12. Klasse nicht gedacht. Wäre ich gefragt worden, ob ich mir das vorstellen könnte, hätte ich wahrscheinlich erst mal ungläubig gelacht. Aber in der Rückschau gibt es zwei Erfahrungswelten aus meiner Jugendzeit, die sicher damit zu tun haben, dass ich mich für diesen Weg entschieden habe.

Grundsätzlich hatte ich schon immer ein starkes Bedürfnis, etwas gegen Ungerechtigkeit zu tun. Da habe ich am Christoph-Probst-Gymnasium die richtige Prägung erfahren: Der Widerstandskämpfer der Weißen Rose hat ja auf bewundernswerte Weise gezeigt, dass jede und jeder Zivilcourage zeigen kann.

Und ich hatte diese Lehrerin, die mir vorgelebt hat: Lass dich nicht bremsen, wenn du für etwas eintreten willst. Hinzu kommt, dass es bei uns zu Hause nach dem Lebensmotto lief: Du bekommst die Welt nicht besser gemeckert, du musst sie besser machen – also mach! Dank des Theatertrainings war es nie schwer für mich, recht frei zu reden, auch wenn man sich manchmal so fühlt, als müsste einem das Herz gleich in die Hose rutschen. Auch das hat uns Ingrid Storz beigebracht: Egal, wie du dich gerade fühlst, geh da raus und mach dein Ding. Wenn du einen Texthänger hast, mach trotzdem weiter – improvisiere, bleib ruhig. Ich habe in diesen drei Jahren intensiver Proben so oft Szenen wiederholt, Fehler gemacht und gelernt, sie auszubalancieren. Damals habe ich auch gelernt, damit zurechtzukommen, dass dich nicht jeder gut findet – dass Leute im Publikum sitzen, die vielleicht nicht begeistert sind von deinem Auftritt. Aber ich glaube, wenn man weiß, dass man hart dafür gearbeitet hat und sein Bestes gibt, ist Kritik auch gut erträglich.

Es gibt im politischen Betrieb einen falschen Anspruch, ja, eine falsche Erwartung, finde ich: Ein Politiker oder eine Politikerin soll immer einen perfekten Auftritt haben. Natürlich, man muss gut vorbereitet sein. Aber Politiker und Politikerinnen dürfen und müssen auch bei öffentlichen Auftritten Menschen bleiben. Die Art und Weise, wie manchmal jede noch so kleine Geste bewertet und interpretiert wird, empfinde ich als kontraproduktiv – und sie führt oft zu einem steifen, roboterhaften Einheitspolitikbrei.

Es gibt leider mehr und mehr Momente in unserem gesellschaftlichen Leben – auch bedingt durch die sozialen Medien und die Möglichkeiten, anonym zu bleiben –, die wirklich nichts Konstruktives haben und sich nur an der Oberfläche abspielen. Als Frau betrifft einen das noch mehr, weil Frauen nach wie vor stark nach ihrem Äußeren beurteilt werden. Das ist weder hilfreich noch interessant. Mal bist du zu hübsch, zu hässlich, zu blond. Selbst mein Gang wurde kritisiert: als zu forsch, zu laut. Ich bin Handballerin, was soll ich machen? Da läuft man nicht leise.

Was mein Auftreten angeht, habe ich auch schon alles gehört: dass ich zu viel rede, meine Beiträge zu viele englische Wörter beinhalten oder aber zu umgangssprachlich sind, so what? Oft sagt der eine dies und der nächste genau das Gegenteil. Man wird für Fehler genauso kritisiert wie dafür, dass man angeblich besser sein wolle als die Regierung, wenn man konkrete Vorschläge macht. Manche Kritiker empfinden mich als zu feministisch oder progressiv. Gelegentlich bekomme ich recht unverhohlen mit, was ihr eigentliches Problem ist: dass ich, eine Frau, die Chefin der Grünen im Bayerischen Landtag bin und klar und deutlich für unsere Positionen eintrete.

Wir – wir Frauen, egal, ob in der Politik aktiv oder nicht – werden diese Haltung, die Teil eines strukturellen Problems ist, nicht alleine verändern können. Verändern wird sie sich nur, wenn wir an die Strukturen rangehen und Männer aktiv daran teilhaben, dass Frauen in politischen Ämtern, in der Wirtschaft und überhaupt im gesellschaftlichen Leben die Hälfte der Macht bekommen. Und dass Vielfalt gewünscht ist. Dass es keine Rolle spielen sollte, ob sie viel lacht, laut oder leise spricht. Ich möchte irgendwann – gerne bald – in einer Gesellschaft leben, in der es egal ist, ob man extrovertiert ist oder introvertiert, Mann, Frau, divers. Es sollte immer nur darum gehen: Wie bist du als Mensch? Was willst du? Was sind deine Werte?

Ein Beispiel, meine Erfahrung. Angefangen habe ich in der Politik im Ehrenamt, aber auch damals schon musste ich viele Reden halten. Und ja, ich habe eher ein schnelles Sprechtempo, bei mir schläft man nicht ein. Ich gestikuliere viel, verwende öfter englische Begriffe. Nach nicht wenigen Reden sind Männer auf mich zugekommen, um ungefragt meinen Stil (und nicht den Inhalt des Vortrags!) zu kommentieren. Das nahm ich nach außen gleichgültig hin, habe mich aber schon gefragt: Hätten diese Herren auch einen jungen Kollegen so angesprochen? Ihm gesagt: Also, ich sage Ihnen jetzt mal, wie Sie den Vortrag besser halten, bleiben Sie doch besser an einer Stelle stehen, während Sie reden. Und ja nicht lachen zwischendurch! Ich bin immer offen für Feedback und konstruktive Kritik. Gleichzeitig ist mir Authentizität sehr wichtig. Wenn Rückmeldungen nur darauf abzielen, dich selbst, dein Inneres zu verändern, dann halte ich das für falsch.

Leider habe ich damals die E-Mail-Adressen all dieser Herren nicht gesammelt. Denn ansonsten hätte ich ihnen liebend gerne das Votum des Verbands der Redenschreiber geschickt. Bei jeder Wahl kürt der Verband die besten Redner*innen. Im Landtagswahlkampf 2018 kam ich auf Platz eins. Mit Abstand. Vor Markus Söder. In der Begründung stand: Meine Auftritte seien authentisch, und die Art, wie ich spreche, würde zu meinem Auftreten passen. Take this!

Ein anderes Beispiel, auch meine Erfahrung – und natürlich die von vielen anderen Frauen, so oder so ähnlich. Mir wurde öfter gesagt, bitte kein Pink tragen, bitte kein Lila, dabei mag ich die Farben. Selbst bei den Grünen gab es einige Kollegen, die mir rieten: Mensch, Katha, nicht ständig Pink, bitte! Ich habe mir also zwei dunkle Blazer zu Beginn meiner Landtagstätigkeit gekauft. Dunkelblau und anthrazit. Ich kann an einer Hand abzählen, wie oft ich sie anhatte. Irgendwann kam ich abends nach Hause und dachte mir: Warum sollte ich mich so verdrehen? Das passt nicht zu mir. Und, was noch wesentlicher ist: meine Energie, meine Zeit in solche Überlegungen investieren?

Das Kennzeichnende und Gute an der Demokratie ist doch: Jede Bürgerin, jeder Bürger kann sich engagieren, jeder soll Zugang zum politischen Betrieb haben. Es gibt keine Aufnahmeprüfung, keinen Regelkatalog, wie man zu sein hat, kein Zertifikat, wie man aussehen, laufen, lachen soll. Im besten Fall gibt es eine Vielfalt an Abgeordneten und Parteien, die stellvertretend für die gesamte Bevölkerung einige Jahre lang Entscheidungen treffen. Und man kann sich bei allen Meinungsverschiedenheiten doch mit Respekt begegnen – und mit Humor. Ich kann sehr gut auch mit den CSU-Abgeordneten in den Plenumspausen einen Kaffee trinken, mich mit ihnen austauschen. Das schließt nicht aus, dass ich eine halbe Stunde später – nach harter, inhaltlicher Debatte – gegen ihren Antrag stimme. So wie sie gegen meinen, an einem anderen Tag. That's life.

Ich empfinde es übrigens auch als Problem, dass Menschen, die laut und extrovertiert sind, im politischen Betrieb eher größere Chancen haben. Wir würden bessere

Politik haben, wenn wir auch die leisen Stimmen mehr hören würden. Das mag aus meinem Mund überraschend klingen, weil ich kein Problem damit habe, laut zu sein. Aber mich stört es ungemein, dass bestimmte Typen leichter Chancen im politischen Bereich haben als andere, dass Frauen nach anderen Maßstäben bewertet werden als Männer. Dass Frauen im politischen Betrieb ein oftmals toxisches Umfeld erleben, schreckt ab. Viele High Potentials erwägen ein politisches Amt gar nicht erst, weil sie sich dem nicht aussetzen wollen. Sie gründen lieber Unternehmen. Bleiben in der Wissenschaft. Was für ein Verlust für die Politik.

Wenn ein männlicher Kollege im Landtag mal poltert, steht am nächsten Tag in der Zeitung: «Harte Worte gegen die Regierung.» Bei mir – wie bei anderen Frauen – steht da gerne mal: «Katharina Schulze schlägt schrille Töne an.» Ich habe als Oppositionsführerin doch genauso das Recht, die Regierung lautstark zu kritisieren und Verbesserungen einzufordern – so wie jeder Mann, der im Plenum sitzt. Und dank Frau Storz' Stimmtraining weiß ich sicher, dass ich nicht schrill klinge.

In der Rückschau hat mir das Theaterspielen, hat mir meine Lehrerin viel gegeben: die Auseinandersetzung mit Schwächen, mit Stärken, mit dem, was man kann und was nicht. Auch in der Politik muss man bei sich selbst bleiben, sich treu.

Nicht umsonst wird vielen Politikern ja vorgeworfen, sie seien kühl, distanziert und wirkten abgehoben. Es wird zu wenig darüber gesprochen, dass es Unterschiede geben darf und muss. Deswegen finde ich es so wichtig, dieses Thema immer wieder aufzubringen. Wir verlieren als Gesellschaft an Kompetenz und Kreativität. Ich spreche darüber, damit Frauen jeden Alters sich ermutigt fühlen. Diese überholte Vorstellung, wie man als Mensch in der Politik zu sein hat, müssen wir ganz ablegen. So, wie du bist, ist es genug. Und auch dein Platz kann in der Politik sein!

An einem für mich wichtigen Moment im Jahr 2013, kurz nach meiner Wahl zur stellvertretenden Fraktionsvorsitzenden der Grünen im Bayerischen Landtag, musste ich an Ingrid Storz denken. Ich war damals achtundzwanzig Jahre alt.

Als das Ergebnis feststand, wurde ich von Journalistinnen und Journalisten interviewt. Einer fragte mich, ob mir Macht wichtig sei, und ich antwortete: Ja. Meinem Gegenüber entgleisten regelrecht die Gesichtszüge. Das geht für viele Menschen einfach nicht zusammen: dass Frauen Macht beanspruchen, um Veränderung herbeizuführen und zu gestalten. Noch dazu, wenn sie jung sind. Aber ich möchte Verantwortung übernehmen, unser Land mitgestalten, und dazu gehört auch, Macht verantwortungsbewusst anzunehmen. Schließlich habe ich für den Landtag kandidiert, um mitzugestalten. Ich bin ja nicht in die Politik gegangen, um in Schönheit am Spielfeldrand zu sterben. Einem Mann wäre diese Frage mit großer Wahrscheinlichkeit gar nicht erst gestellt worden. Und wenn doch, hätte keiner sich über die Antwort gewundert.

Ob der Journalist mich unverschämt fand, war mir gleichgültig. Auch das liegt an meinen Theatererfahrungen: Es gibt nach jeder Aufführung die nächste. Was hier nicht geklappt hatte, funktionierte bei der nächsten besser.

Seit zwölf Jahren bin ich nun in der Politik, leider hat mich auch Hass und Hetze im Internet von Anfang an begleitet. Je öffentlichkeitswirksamer meine Arbeit wurde, desto schärfer wurden auch die Angriffe. Da kommt alles Mögliche, von Vergewaltigungsszenarien bis Gewalt- oder Morddrohungen. Das ist natürlich belastend. Anfangs dachte ich, ich muss das aushalten, habe geblockt und gelöscht. Mittlerweile zeige ich Hass-Postings konsequent an und kämpfe für Aufklärung, für Hilfe für Betroffene, für die virtuelle Polizeiwache in Bayern. Niemand muss Hass und Hetze aushalten, und wenn ein Shitstorm vorbei ist, kommt der nächste Tag.

Ich erinnere mich, wie Ingrid Storz bei unseren Premieren in der ersten Reihe saß. Es gab dann immer noch drei oder vier weitere Aufführungen. Sie hielt einen Block und schrieb mit. Man konnte immer mal von der Bühne einen Blick auf sie erhaschen. Ihr Stift war oft im Einsatz. Nach der Premiere wurde besprochen, was ihr aufgefallen war – es gab Kritik, Lob, Anerkennung, auch Fragen an uns: Wie habt ihr euch gefühlt?

Manchmal, wenn es Phasen gibt, in denen ich viel einstecken muss, denke ich an sie, wie sie mitschrieb, damit wir es beim nächsten Mal besser machen konnten.

Nach dem Abitur, als wir uns von der Schulzeit verabschiedeten und von Frau Storz, da sagte sie zu mir: Ich bin übrigens die Ingrid. Sag doch du zu mir, ja.

ILDIKÓ VON KÜRTHY

ILDIKÓ VON KÜRTHY gehört zu den meistgelesenen deutschen Schriftstellerinnen. Ihre Bücher sind lebensklug, voller Wärme und Humor, eine Hommage an das Leben und die Freundschaft – übersetzt in einundzwanzig Sprachen und millionenfach gekauft.

Schon Ildikó von Kürthys erster Roman «Mondscheintarif» wurde zum Bestseller, so wie später auch ihre Sachbücher «Unter dem Herzen», «Neuland» und «Hilde». Ihr letzter Roman «Es wird Zeit» erzählt vom Älterwerden und davon, dass man nie zu alt ist, um ehrlich aufs Leben zu blicken und seine Ansprüche und Wünsche neu zu sortieren.

Außerdem ist Ildikó von Kürthy Kolumnistin für die Frauenzeitschrift «Brigitte». Ihr Theaterstück «Liebeslügen oder Treue ist auch keine Lösung» hatte 2016 Premiere.

Mit ihrem Mann, dem Journalisten Sven Michaelsen, und ihren beiden Söhnen lebt sie in Hamburg. Wo, das fügt sie hinzu, immer auch ein Gästezimmer auf gute Freundinnen und Freunde wartet.

Frauenfreundschaften – und warum man sich im Leben eigentlich nie zu früh freuen kann

In meinem Leben gibt es mehrere beste Freundinnen. Was für ein Glück. Eine von ihnen kenne ich schon mein ganzes Leben. Ich erinnere mich, wie wir Banden gegründet haben und durch die Gärten getobt sind. Andere liebste Freundinnen habe ich durch meinen Beruf kennengelernt. Die Lektorin, die mich als Schriftstellerin entdeckt und meine ersten beiden Bücher betreut hat, ist eine enge Vertraute geworden. Wieder andere Frauen sind heute Teil meines Lebens, weil wir einmal am Spielplatz beisammenstanden, wenn ich dort mit meinen Söhnen war – und sich aus diesen Begegnungen tiefe Freundschaften entwickelt haben, die bald schon über die Frage hinausgingen, womit man den wunden Po des Babys einschmiert. Was nicht heißen soll, dass ich nicht jeden diesbezüglichen Rat geschätzt habe. Überhaupt ist ein Loblied angebracht auf all die Freundinnen – nicht nur meine, sondern generell –, die sich gegenseitig im Alltag und als Mütter unterstützen: sich daran erinnern, wann der Elternsprechtag stattfindet, was in der Matheklausur drankommt, bei wem man an der Schule noch eine Anmeldung in der Computer-AG nachreichen kann, auch wenn die Frist längst abgelaufen ist. Das ist ein so unschätzbar wichtiges Netzwerk, das Frauen miteinander teilen und mit dem sie sich ständig gegenseitig retten.

Ohne dass das viel wahrgenommen, geschweige denn darüber gesprochen wird.

Es sind etwa zwölf Freundinnen, die über die Jahre zu meinen engen Wegbegleiterinnen wurden. Manche sehe ich nur dreimal im Jahr, andere jede Woche, aber sie alle sind mir immer innerlich nah. Deshalb ist es mir wichtig, nicht über eine oder zwei von ihnen zu erzählen, sondern über die Bedeutung all dieser Frauen in meinem Leben: über die Bedeutung von Frauenfreundschaften und ihren unschätzbaren Wert für mich.

Es gibt eine Tradition, die ich seit vielen Jahren pflege: Kurz vor Weihnachten kommen meine Freundinnen für ein Abendessen zu mir nach Hamburg; nicht alle leben hier. Das ist ein fixer Termin in unserem Kalender – das «Putenessen nur für Puten», wie diese Einladung von Anfang an hieß. Wenn wir zusammen am Tisch sitzen, reden, lachen, manchmal weinen, spüre ich, was ich an meinen Freundinnen liebe: ihre Offenheit, ihre warmherzige Klugheit und den Willen, einander beizustehen.

Wir haben gemeinsam einige Katastrophen überstanden, Trennungen, Krisen im Beruf, wir haben Eltern, Partner und auch ein Kind begraben müssen. Jede von uns hat ihr Schicksal, und wir tragen es gemeinsam. Das Schöne ist die Stetigkeit, mit der wir uns verbunden sind, die dauerhafte Lebensbegleitung, das nie abreißende Gespräch. Humor, Wärme, Vertrauen, Ehrlichkeit. Ich bin froh über all das – an jedem ganz normalen Tag genauso wie an einem, der großartige Nachrichten mit sich bringt. Oder auch an schweren Tagen, wenn das Leben zuschlägt und Krankheit oder Verlust plötzlich über uns hereinbrechen. Ich bin nie allein. Weil sie bei mir sind. Sie sind nie allein. Weil ich bei ihnen bin.

Man kann den Tragödien nicht entgehen, das ist eine der Gewissheiten, die sich mit dem Älterwerden einstellt. Ich habe den Eindruck, dass Mitgefühl und Empathie jetzt, da wir alle um die fünfzig Jahre alt sind, in eine ganz andere Dimension gereift sind als noch vor dreißig Jahren. Damit will ich nicht sagen, dass es im Alter von siebzehn Jahren nicht wehgetan hat, wenn einen der Freund verließ. Im Gegenteil – stundenlange Telefonate über Liebe, Schmerz, Begeisterung oder Hoffnung. Hat er mich im Bus angesehen, und, wenn ja, was hat dieser Blick zu bedeuten? Ich erinnere mich gerne an diese Intensität, diese unfassbare Dringlichkeit, mit der alles immer sofort und immer wieder besprochen werden musste. Was für eine Zeit!

Heute sind die seelischen Hilferufe seltener, aber wenn sie kommen, wiegen sie unendlich viel schwerer, dann geht es um tiefgreifende, nicht selten schicksalhafte Veränderungen.

Wir sind damit als Freundeskreis in den letzten Jahren gemeinsam umgegangen – sei es, dass wir weinend zusammen am Küchentisch saßen oder nachts singend durch die Stadt liefen, als wären wir noch zwanzig, als wären wir noch unverletzt. Und dann gelingt es, der Schwere für einen kurzen Moment zu entfliehen. Was ich sagen kann nach all den unterschiedlichen Stimmungen und Momenten, die wir durchlebt haben, ob nach den tragischen oder den schönen, die einem das Leben dann manchmal ja doch überraschend in einer schweren Zeit schenkt: Wir haben durch diese Erfahrungen gelernt, dass man sich nie zu früh freuen kann im Leben. Sondern eigentlich immer nur zu spät.

Das Besondere an Frauen und ihren Freundschaften

ist wohl vor allem, dass sie sich gegenseitig anschauen. Sie reden miteinander, sie lesen einander. Männer sprechen über Themen und seltener über sich selbst. Ich spreche mit meinen Freundinnen über aktuelle Themen und über unsere Beziehungen, unsere Familie, unsere Gefühle. Natürlich gibt es auch Männer, die über ihr Innenleben sprechen, und ich entschuldige mich bei allen, die sich jetzt diskriminiert fühlen. Aber ich führe die empathischeren Gespräche voller Verständnis, Inspiration und Offenheit mit Frauen. Wir machen einander nichts vor.

Man hört öfter den Satz, eine gute Freundin sei wie ein Spiegel, der einem selbst zeigt, wie man ist. Das ist doch Quatsch. Ich spiegle mich nicht in meinen Freundinnen, in ihren Augen sehe ich, wer ich bin, wer ich war und wer ich sein kann. Sie zeigen mir behutsam, was ich nicht sehen möchte, sparen nicht mit Kritik und liebevoller Ehrlichkeit. Das ist wertvoll. Genauso wie ihre Ermutigung und Bestärkung.

Ich habe einige wenige Freundinnen unterwegs auf meinem Lebensweg aus den Augen verloren. Aber die meisten habe ich wiedergefunden nach Phasen, in denen sich die Schwerpunkte verschoben hatten. Eine meiner engsten Freundinnen hatte schon vier Kinder, als ich noch keines hatte. Natürlich wurde unsere gemeinsame Zeit mit jedem Kind, das sie bekam, erst einmal knapper. Und mit jedem Kind, das aus dem Haus geht, entdecken wir unsere Freundschaft heute neu. Als ich wiederum meine beiden Söhne hatte, gab es eine Freundin in unserem Kreis, die ungebunden war und rief: «Ich will kein Kind, ich will noch ein Bier.» Sehr lustig. Aber mit zwei kleinen Söhnen beschäftigten mich vollkommen andere Dinge. Kinder katapultieren einen ja in eine andere Lebenswelt.

Interessant ist in der Lebensphase, in der meine Freundinnen und ich uns jetzt befinden, dass unsere Freundschaften immer weniger durch den Beruf oder die Kinder zusammengeschweißt werden – der Zusammenhang, in dem wir uns kennengelernt haben, tritt in den Hintergrund. Jetzt sind wir viel freier, und es ist schön zu spüren, dass die Verbundenheit Bestand hat – einfach, weil wir uns gegenseitig in unseren Leben haben möchten.

Wenn ich so darüber nachdenke, habe ich in den letzten Jahren mehr Frauenfreundschaften gefunden, die schnell intensiv und empathisch waren und Gedanken in Bewegung gesetzt haben, als Freundschaften zu Männern.

Ich merke, dass ich die Meinung und den Rat von Frauen mehr suche, vielleicht auch noch mehr wertschätze als früher. Ich möchte ein Gemeinschaftsgefühl pflegen, die eigenen Ressourcen erkennen und nutzen und andere dabei unterstützen, das auch zu tun. Ich spreche heute viel über die Frage, welche Ansprüche ich an mich selbst stelle. Und wie sie sich in den letzten Jahren verändert haben. Ich will keine Bewunderung mehr. Ich erwarte Respekt. Dieses Nachdenken möchte ich in meinen Büchern weitergeben – nicht als Expertin, die von außen auf das Leben blickt. Nicht als Vorbild oder gar Lehrerin. Sondern als Frau, die selbst mit Problemen ringt, so wie jede andere Frau auch. Ich sitze immer mit im Boot mit meinen Leserinnen, mit meinen Freundinnen.

Dass ich die Gefühle und Fragen, die sich aus diesem Nachdenken ergeben, aufschreiben kann, empfinde ich als Geschenk, als wichtig und schön. Dazu gehört, eigene Schwächen zu zeigen und sich mit ihnen auseinanderzusetzen. Ich mag es, dass Frauen – auch hier spreche ich von meinen Erfahrungen – viel eher zu Selbstzweifeln neigen als Männer. Das setzt ein Interesse an der eigenen Person voraus und zeigt, dass man sich weiterentwickeln will.

Ich mag den Begriff «starke Frau» nicht besonders. Was soll das sein, eine «starke Frau»? Ich bin keine. Jedenfalls nicht nur. Ich bin schwach, ich bin stark, ich bin lustig, ich bin traurig. Ich nenne einen Mann ja auch nicht «stark». Das ist eindimensional, es sei denn, er ist Gewichtheber.

Ich mag auch Zuschreibungen wie «Sie ist glücklich verheiratet» nicht. Das lese ich manchmal über mich und bleibe an dieser unglaublichen Vereinfachung hängen. Als sei ich ständig glücklich. Aber so, wie ich als Frau nicht ständig stark bin, bin ich nicht immer glücklich. Ich bin auch nicht gelassen, achtsam und geduldig. Und ich finde es auch nicht wichtig, immer gelassen zu sein. Ich will so nicht gesehen werden. Ich möchte ehrlich sein, mit mir selbst und mit anderen. Ich will nicht, dass Menschen sich mir gegenüber klein oder schlecht fühlen, weil sie denken, mein Leben sei perfekt. Das ist es nicht mal ansatzweise. Das ist eine Haltung, die auch in meine Bücher einfließt – eine Art Botschaft, die ich vermitteln möchte, auch wenn «Botschaft» so groß klingt. Aber warum eigentlich nicht? Es soll ruhig groß klingen. Es ist groß und wichtig, einander nichts vorzumachen.

Mein Vater war Professor an der Universität in Aachen, und seine Studenten gingen bei uns ein und aus. Unser Haus war immer voll. Aber einen engen Freundeskreis hatten meine Eltern nicht. Sie waren als Paar sehr auf sich bezogen. Meine Mutter war lose mit einer Nachbarin befreundet, die sie zeitlebens gesiezt hat. Meine Eltern haben ihr Leben wenig mit anderen geteilt.

Bei mir ist es im Gegenteil so, dass eigentlich kaum ein Tag vergeht, an dem ich keine Freundin spreche oder treffe. Sie sind für mich immer anregend. Ein Beispiel: Vor einigen Jahren habe ich ein Theaterstück geschrieben. Als die Grundidee stand, habe ich vier meiner Freundinnen eingeladen und darum gebeten, die Figuren zu verkörpern und zu improvisieren. Es ging um Treue. Ich ließ ein Aufnahmegerät mitlaufen, und meine Freundinnen spielten abwechselnd die verschiedenen Charaktere. Jede war einmal die Betrogene, dann wieder die Betrügerin.

Für mich zeigt sich hier, wie viel Schönes aus Vertrauen und Verbundenheit entstehen kann. Jede Begegnung mit einer Freundin ist Inspiration und Wärmequelle für mich. Ob das nun so ein Abend ist, ein gemeinsames Mittagessen, ein Spaziergang. Das erleben auch meine Söhne. Unser Gästezimmer ist einer der wichtigsten Räume in unserem Haus. Meine Freundinnen gehören zur Familie. Sie sind mein Zuhause. Sie sind mein Glück.

LUISA NEUBAUER

LUISA NEUBAUER ist Fridays-for-Future-Aktivistin der ersten Stunde: In Berlin war sie 2018 eine der Hauptorganisatoren der ersten Klimastreiks. Heute ist sie das bekannteste Gesicht der Jugendprotestbewegung in Deutschland und international vernetzt.

Das «Time Magazine» nannte die schwedische Schülerin Greta Thunberg einen der weltweit einflussreichsten Teenager, nachdem diese im Sommer 2018 jeden Freitag für den Klimaschutz demonstriert und damit eine globale Bewegung ausgelöst hatte. Sie inspirierte auch Luisa Neubauer. Während der Klimakonferenz in Kattowitz im Dezember 2018 lernten die beiden jungen Frauen sich kennen. Seitdem ist viel passiert: Luisa Neubauer diskutierte mit Politikern wie Peter Altmaier, traf den französischen Präsidenten Emmanuel Macron oder den früheren US-Präsidenten Barack Obama. Zu den Klimastreiks, die sie nach wie vor mitinitiiert, kommen regelmäßig Tausende Menschen zusammen.

Luisa Neubauer wurde 1996 geboren. Für eine nachhaltigere Klimapolitik setzte sie sich schon in den Jahren vor 2018 ein, bevor Fridays for Future entstand – gemeinsam mit ihrer Großmutter, die in den siebziger Jahren anfing, sich bei Umwelt- und

Friedensgruppen zu engagieren, und später ihre Enkelin zu Veranstaltungen mitnahm. Sie regte Luisa Neubauer dazu an, sich immer wieder die Frage zu stellen: Wie kannst du andere nicht nur interessieren, sondern auch dafür begeistern, sich zu engagieren?

Geboren wurde Dagmar Reemtsma 1933, sie lebt in Hamburg.

Meine Großmutter – und die Fähigkeit, andere für unbequeme Wahrheiten zu begeistern

Das Besondere an meiner Großmutter ist ihre Begeisterungsfähigkeit, mit der sie immer ein Vorbild für mich war. Und ist.

Oft sagt man ja, wer sich vom Universum begeistern lässt, ist in der Lage, auch andere zu begeistern – andere Menschen gedanklich mitzunehmen, neue Ansichten und Themen in ihr Leben zu bringen. Meine Großmutter ist so eine Person, die sich vom Universum begeistern lässt. Mit ihrer wachen und interessierten Art schafft sie es, Verbindungen zu Menschen herzustellen und sie mitzureißen. Sie erspürt die richtige Energie, den richtigen Moment, um etwas zu sagen, dann blitzen ihre Augen – das geschieht, wenn man von einem guten Rezept erzählt, genauso, wie wenn man von guter Politik spricht, von schönen Erinnerungen oder schönen Träumen.

Ich bewundere sie dafür, wie ausdauernd sie ist. Gleichzeitig ist sie auf aufrüttelnde und gute Art ungeduldig. Sie kann sich so entrüsten, dass sie dann auch handeln muss, und darauf kommt es an. Denn wenn man sich die großen Herausforderungen unserer Zeit ansieht – an erster Stelle die Klimakrise –, sagen heute ja viele Menschen: Jetzt wird doch eine Menge getan. Jetzt engagieren sich doch viele. Jetzt hat die Politik doch verstanden. Meine Großmutter sieht das anders, sie fragt: Was muss noch passieren?

LUISA NEUBAUER

Man musste mir als Kind oder später als Teenager nie sagen: Besuch doch mal wieder deine Großmutter. Als Jugendliche bin ich oft nach der Schule mit dem Fahrrad zu ihr gefahren; dann saßen wir in der Küche zusammen, aßen den Apfelkuchen, den sie gebacken hatte. Aber sie ist eben nicht nur eine Großmutter, die gut backen kann, sondern steckt voller Inspiration, hat einen ganz eigenen Blick auf die Welt. Das spürt man, das sieht man auch. Ihr Wohnzimmer ist immer übersät von Papier – Tages- wie Wochenzeitungen, national und regional, Magazine zu allen möglichen Themen. Bis heute schneidet sie für mich gerne Artikel aus, von denen sie denkt, ich sollte sie lesen.

Dass meine Großmutter nicht nur eine interessierte Leserin ist, sondern in ihrem tiefsten Inneren auch eine Aktivistin, ist sofort erkennbar – in vielen Farben. In den Artikeln markiert sie sich Sätze, unterstreicht manches rot oder mit Bleistift, notiert Gedanken und Ideen am Rand. Sie schreibt regelmäßig Leserbriefe, schon seit Jahrzehnten.

Auch das hat mich sicher beeinflusst in meiner Haltung, dass jeder etwas tun kann in seinem Wirkungskreis – und dass es einem guttut zu handeln. Jeder Schritt ist ein Beitrag, der wertvoll ist.

Aber ich sehe meine Großmutter eben auch im Kreis einiger ungewöhnlicher Menschen, manche älter, manche jünger, die nicht einfach nur still zu Hause saßen, sondern eine klare Haltung zum Geschehen in der Welt hatten und zeigten. Der stärkste Anstoß für ihr umweltpolitisches Engagement, erzählte mir meine Großmutter, war 1986 die Nuklearkatastrophe von Tschernobyl. Sie habe damals begriffen, dass es um das Leben der nachfolgenden Generationen gehe – und dass man etwas tun müsse, ganz egal, ob man nun im Politikbetrieb aktiv sei oder nicht. Mit anderen Frauen aus der Gegend trat sie der Umweltgruppe Elbvororte bei. Eines ihrer Anliegen war später, Menschen darüber zu informieren, wie wichtig der Wechsel zu Ökostromanbietern ist. Sie hätte sich auch an einem gemütlichen Leben erfreuen können. Die drängenden Probleme unserer Zeit scheinen ja manchmal weit von uns weg zu sein. Stattdessen setzte sie sich aber auch für soziale Projekte ein.

Man übersieht leider manchmal, dass es schon seit Jahrzehnten viele Umweltgruppen gibt, die sich für Artenschutz und ein nachhaltiges Leben einsetzen. Das sind keine neuen Themen. Oft erzähle ich meiner Großmutter heute von Büchern oder aktuellen Studien, die ich gerade lese, und sie sagt nur: Ach, warte mal kurz, dazu habe ich etwas im Regal, das vor zwanzig Jahren veröffentlicht wurde. Wir haben uns – als globale Gemeinschaft – mit all diesen Erkenntnissen, die über Jahrzehnte zusammengekommen sind, viel zu wenig beschäftigt.

Meine Großmutter machte den Leuten bewusst – und das schon vor Jahrzehnten –, dass wir uns endlich mit der Klimakrise auseinandersetzen müssen. Sie betrifft uns alle. Die Fakten sprechen eine deutliche Sprache. Aber auch heute noch bekommen wir Jüngeren mit unserer Forderung nach Klimaschutz und Generationengerechtigkeit zu hören, dass unser Engagement zwar anerkennenswert und wichtig sei, wir aber die größeren Zusammenhänge nicht im Blick hätten – nach dem Motto: Was ihr wollt, ist unrealistisch. Ihr seid Idealisten, zu jung, um die Welt zu verstehen.

Dass diese Haltung mich nicht so beeindruckt, hat auch mit meiner Großmutter zu tun. Sie hat uns immer ernst genommen, schon als Kinder. Wenn wir etwas zu sagen hatten, hörte sie uns zu.

Dass ich in den letzten Jahren so in die Öffentlichkeit getreten bin, darauf ist sie nicht stolz, das wäre das falsche Wort. Sie findet es gut, denn sie sieht, dass Fridays for Future Einfluss auf die Politik in Deutschland und Europa nimmt. Gleichzeitig findet sie den ganzen Wirbel natürlich auch verrückt. Aber es sind verrückte Zeiten, und so ist die Phase meines Lebens, in der ich mich gerade befinde und fast vierundzwanzig Stunden am Tag mit Klimaschutz beschäftigt bin, nur die logische Konsequenz. Die Welt ist, was unser Bewusstsein für den richtigen Umgang mit unserem Planeten angeht, aus den Fugen geraten. Deshalb verwundert es mich nicht – und auch nicht meine Großmutter –, dass mein eigenes Leben gerade so verläuft, wie es eben verläuft.

> Zu Luisa Neubauers Engagement gehörte es in den letzten Jahren auch, sich in ihre neue Rolle in der Öffentlichkeit einzufinden. Dass es in ihrem Leben schon Flugreisen nach Kanada, Tansania oder Namibia gab, hielten ihr politische Gegner vor – oder dass sie nach Großbritannien flog, um ihre Geschwister zu besuchen, die dort leben. Bei nächster Gelegenheit fuhr Luisa Neubauer mit dem Zug nach London. In solchen Angriffen auf persönlicher Ebene sieht sie auch einen Abwehrmechanismus, um von den strukturellen Problemen auf politischer Ebene abzulenken.
>
> Nach dem Abitur arbeitete Luisa Neubauer in einem Öko-Bauernhof, später fing sie an, in Göttingen Geografie zu studieren. Als Aktivistin verlegte sie in Tansania Wasserleitungen, ein Beitrag zur Entwick-

lungshilfe. Da der globale Süden schon jetzt viel stärker von den Folgen des Klimawandels betroffen ist, fordert sie einen stärkeren Einsatz nicht nur im Sinne der Generationengerechtigkeit, sondern auch einer globalen Gerechtigkeit.

Bis 2019 war Luisa Neubauer Jugendbotschafterin der Kampagnenorganisation ONE, die sich gegen die Armut in Afrika einsetzt. Entwicklungshilfe und Klimaschutz, sagt sie, sind eng miteinander verknüpft und bedingen sich.

Meine Großmutter ist nach wie vor aktiv. Zu den Klimastreiks von Fridays for Future kommt sie, und oft hat sie die phantasievollsten Plakate. Es ist schön, dass es zwischen uns nicht nur familiär eine so enge Verbindung gibt, sondern auch als Aktivistinnen. Dank ihr erlebte ich als Kind schon mit, wie sich die Bürgerinitiative «Unser Hamburg, unser Netz» für den Rückkauf der Netze für Strom, Gas und Fernwärme einsetzte, die Hamburg Ende der Neunziger privatisiert hatte. Als sich die Mehrheit der Hamburger in einem Volksentscheid für den Rückkauf aussprach, sorgte das weltweit für Aufmerksamkeit.

Wenn ich öffentliche Auftritte hatte, ruft sie mich danach oft an, um mit mir darüber zu sprechen. Sie stellt an mich dieselben Anforderungen wie an andere Personen im öffentlichen Leben. Ich bekomme von ihr zu hören, wenn ich zu schnell gesprochen habe, wenn ich nicht höflich genug war oder sie der Meinung ist, dass ich inhaltlich zu viel gesprungen bin. Ich bekomme auch regelmäßig Zusammenfassungen davon, wie ihre Freundinnen und Freunde über Fridays for Future denken, und sie gibt mir Anregungen, was ich sehr schätze.

FRÄNZI
KÜHNE

2017 WURDE FRÄNZI KÜHNE mit vierunddreißig Jahren zur jüngsten Aufsichtsrätin Deutschlands, gewählt mit neunundneunzig Prozent der Stimmen. Angeboten wurde ihr das Mandat bei dem börsennotierten Telekommunikationsunternehmen Freenet AG, weil sie eine Expertin auf dem Gebiet Digitalisierung und soziale Medien ist.

Dreizehn Jahre zuvor war für sie die Digitalbranche noch weit entfernt: Fränzi Kühne dachte darüber nach, Kriminologin zu werden, und machte einen Einstellungstest beim Bundeskriminalamt. Sie wurde abgelehnt. Zu stressresistent, hieß es in der Begründung. In einigen der Testszenarien habe sie zu wenig Adrenalin ausgeschüttet. Das bedeutet: In gefährlichen Situationen hätte sie möglicherweise zu langsam reagiert.

Wie positiv eine gewisse Stressresistenz ist, zeigte sich dann wenige Jahre später. Nach einigen Semestern Jurastudium gründete Fränzi Kühne, damals fünfundzwanzig Jahre alt, gemeinsam mit ihren Freunden und Kommilitonen Christoph Bornschein und Boontham Temaismithi die Digitalagentur TLGG. Es war eine Zeit, in der Facebook und Twitter für viele Unternehmen noch völlig neues Terrain waren; Instagram gab es noch gar nicht.

TLGG konnte schon nach kurzer Zeit große Kunden für sich gewinnen. Heute berät die Agentur Bundesministerien, Dax-Unternehmen wie Volkswagen, Bayer oder Eon und Konzerne wie die Deutsche Bahn. 2015 verkauften Fränzi Kühne, Christoph Bornschein und Boontham Temaismithi die Agentur an das US-Unternehmen Omnicom, bis 2020 blieb Fränzi Kühne in der Geschäftsführung.

Sie ist Autorin und Beraterin, Mitglied des AllBright-Stiftungsrates sowie Co-Initiatorin der Kampagne «Ohne Frauen. Ohne Uns.», die sich für mehr Frauen auf den Panels dieser Welt einsetzt. Mit ihrem Lebenspartner und ihren beiden Kindern lebt sie in Berlin.

Die Musikerin ¥o-Landi Vi$$er – und warum es wichtig ist, anders zu sein

Die Frau, von der ich erzählen will, hat mit dem Ende, aber auch mit dem Anfang einer Geschichte zu tun. Wir waren ein paarmal im selben Raum – in derselben Halle oder demselben Club, müsste man sagen, um ganz präzise zu sein –, aber wirklich begegnet sind wir uns noch nie. Sie stand auf der Bühne. Ich im Publikum.

¥o-Landi Vi$$er ist die Sängerin der südafrikanischen Band Die Antwoord, die 2009 mit ihrem Debütalbum «O» weltweit bekannt wurde. Rap-Rave aus Kapstadt. Wenn ich die Musik heute höre, finde ich sie schwer zu ertragen. Zu extrem, zu laut. Mir scheint auch die Stimme von ¥o-Landi zu durchdringend. Aber vor elf Jahren hatte ich oft das Gefühl, dass diese Musik alles zusammenhält. Mich. Die Gefühle, die ich in mir hatte – und eigentlich nicht spüren wollte.

Mein Vater starb 2009. Wir erfuhren im Frühjahr, dass er Krebs hat. Drei Monate später war er tot. Vielleicht liegt es an dieser Kombination von Faktoren – Krankheit, Schmerz, wenig Zeit, die zu schnell abläuft. Zu wenig Zeit, sich auf den Abschied vorzubereiten. Mein Vater war für mich eine sehr wichtige Bezugsperson, und ich befand mich nach seinem Tod in einem absoluten Ausnahmezustand.

Dabei war von außen betrachtet das allermeiste in meinem Leben zu der Zeit so, dass man sagen konnte: Es geht bergauf. Das hätte ein Trost sein können: dass es mit der von mir mitgegründeten Agentur gut lief. Natürlich, darüber war ich froh. Aber das fand auf einer ganz anderen Gefühlsebene statt als die Trauer um meinen Vater.

2008 hatte ich mit zwei Freunden – Christoph Bornschein und Boontham Temaismithi – die Digitalagentur «Torben, Lucie und die gelbe Gefahr» (TLGG) gegründet. Gemeinsam hatten wir neben dem Studium bei dem Online-Gaming-Unternehmen Frogster gearbeitet und dort das Marketing mit aufgebaut. Nach einiger Zeit, in der alles erfolgreich lief, dachten wir: Was wir hier machen, können wir auch in einer eigenen Firma machen, mit eigenen Kunden – warum nicht versuchen? Wir sahen ja, wie Facebook wuchs, und wussten: Was da passiert, verändert die Welt.

Wenn es gut funktioniert, dachten wir, freuen wir uns. Wenn nicht, zerbricht keiner daran. Wir waren unbelastet und frei in unserer Herangehensweise, aber nicht naiv. Ich würde es idealistisch nennen. Vieles, was für eine Firmengründung notwendig ist, mussten wir uns anlesen. Ich wusste vorher zum Beispiel nicht, was eine GmbH ist. Oder dass man zum Notar gehen muss, damit der den Namen der Agentur beglaubigt. Ich erzähle gerne davon, um andere junge Menschen zu ermutigen, an ihre Ideen zu glauben und sie umzusetzen, sich das Wissen dafür schrittweise anzueignen.

Ein Moment ist mir besonders in Erinnerung geblieben: wie der Notar zu uns sagte, unser Firmenname sei der lustigste, den er seit «Apollo 13 GmbH» gehört hätte. Die Namen Torben und Lucie standen auf zwei Eierbechern, die Christoph und ich für unsere Studenten-WG gekauft hatten. Falls jemand mal einbrechen sollte, wollten wir, dass die Diebe wenigstens denken, sie hätten Torben und Lucie beklaut. Den Zusatz «die gelbe Gefahr» hatte Boontham vorgeschlagen.

Nach der Gründung passierte viel. Die Agentur wuchs schnell. Wir gewannen Kunden wie die Lufthansa, mit großen Etats. Mehr und mehr Unternehmen begriffen, dass sie junge Menschen nicht mehr über Fernsehspots oder Werbetafeln erreichten.

Und entsprechend schnell mussten wir neue Mitarbeiter*innen finden. Ich übernahm in der Agentur die Personalgespräche und -führung. Zwei Jahre nach der Gründung zogen wir in ein neues Büro in Berlin-Kreuzberg mit ausreichend Platz für etwa hundertneunzig Mitarbeiter*innen. Wir entwickelten uns zur Kreativagentur und Unternehmensberatung, halfen zum Beispiel der Deutschen Bahn, sich in den sozialen Netzwerken als Arbeitgeber aufzustellen.

Das Wachstum war natürlich toll, wir entwickelten neue Projekte, bekamen viel Lob und mehr Aufträge. Es war gut, nach dem Verlust meines Vaters die Energie in diese Aufgaben zu stecken. Aber der Erfolg bedeutete auch Druck. 2010 war ein Jahr, in dem sehr viel gleichzeitig passierte – und kaum ein Moment blieb, um einmal kurz innezuhalten.

Vielleicht passte die Musik von ¥o-Landi deshalb in diese Phase. Durch Zufall entdeckte ich auf YouTube einen Song, war davon sofort begeistert und mitgerissen. Die

Musik hatte – so extrem sie sein mag und gerade deswegen – etwas Befreiendes. Dazu kommt, dass ¥o-Landi selbst so extrem auftritt. Allein ihre Frisur ist unvergesslich. Über den Ohren sind die Haare abrasiert und von der Stirn bis zur Mitte des Kopfes ganz kurz geschnitten – ein ultrakurzer Pilzkopf. Die Haare am Hinterkopf sind lang und fliegen, wenn ¥o-Landi auf der Bühne unterwegs ist, in alle Richtungen.

Ich glaube, es war im Mai 2010. Ich stand morgens auf, rief beim Friseur an, und zwei Stunden später hatte ich exakt denselben Haarschnitt. Innerlich befand ich mich in einem extremen Zustand, warum nicht auch äußerlich? Zudem war ich in der Trauerphase sehr dünn geworden – und sah ¥o-Landi tatsächlich ähnlich. Mir gefiel sie als Mensch, ihre Haltung. Es ging der Band nie um Erfolg, der stellte sich von selbst ein.

Im Frühsommer 2010 trat Die Antwoord das erste Mal in Deutschland auf, das erste Konzert der Tour: in Berlin. Im Vorverkauf war schon nach wenigen Tagen kein Ticket mehr zu bekommen, aber dank eines Kontakts zu Universal Music stand ich auf der Gästeliste. Ich erinnere mich noch gut daran, dass ich auf dem Weg zum Seiteneingang des kleinen Clubs am Schlesischen Tor von einigen für ¥o-Landi gehalten wurde. Eigentlich fiel mir erst in diesem Moment auf, wie sehr ich ihr äußerlich glich.

Die Musik live zu hören war eine besondere Erfahrung. Ich nehme keine Drogen, habe in meinem Leben nie damit experimentiert, aber das Erlebnis eines Konzerts von *Die Antwoord* geht vielleicht in eine ähnliche Richtung wie eine Drogenerfahrung: Man hat den Eindruck, man löst sich von der Realität ab.

Auf dieses erste Konzert folgten einige weitere in Deutschland, und ich fuhr von Berlin nach Hamburg, um ein zweites Mal diese Live-Erfahrung zu haben. *Die Antwoord* war meine Musik, um loszulassen. Man muss dazu sagen, dass die Bühnenauftritte der Band so radikal und schrill waren wie ihre Musik – das Magazin «Rolling Stone» schrieb damals, ¥o-Landi und ihr Partner hätten eine offenkundig anstößige Performance-Kunst geschaffen, die sich anfühle, als würde man eine Bank ausrauben. Also: alles oder nichts.

¥o-Landi ist – und das ist das eigentlich Inspirierende an ihr, was auch nach der Trauerphase geblieben ist – total unangepasst. Ihr Äußeres ist die klare Ansage: Ich will keinem vorgegebenen Frauenbild entsprechen. Es ist mir egal, ob ich anderen gefalle – oder ob sie meine Kunst, meine Musik und mein Äußeres für geschmacklos halten.

Dieses Selbstbewusstsein beeindruckte mich. Auch die absolute Leidenschaft für eine Sache, hier die Musik, ausgerichtet nur an den eigenen Maßstäben, den eigenen Regeln. Für ¥o-Landi muss das auch eine Art Ausweg gewesen sein, der dann schließlich zum Lebensweg wurde: Sie wuchs in einer kleineren südafrikanischen Stadt auf, war ein Adoptivkind und hatte eine wohl sehr angespannte Beziehung zu ihren Eltern. Ihre biologischen Eltern hat sie nie kennengelernt. Als Jugendliche hatte sie Schwierigkeiten in der Schule, in ihrem sozialen Umfeld. Nichts schien zu passen. Bis auf die Musik.

Je erfolgreicher ¥o-Landi wurde, desto mehr Angebote bekam sie – zum Teil auch von sehr namhaften US-amerikanischen Bands, Musikern und Produzenten. Aber diese vorgegebenen Wege, wie man schnell noch erfolgreicher wird, man könnte auch sagen: dieses System, nahm sie nicht an. Man muss nicht an den Erfolg von anderen anknüpfen, um zu wachsen. Diese Haltung zeigt viel Stärke und Unabhängigkeit.

Ich dachte in dieser Zeit, als unsere Firma TLGG so schnell wuchs, natürlich viel darüber nach, in welche Netzwerke wir uns begaben, wie ich als Frau wahrgenommen werde, wie ich auftrete. Es gab da durchaus eine Parallele zu ¥o-Landi, die mir allerdings erst später bewusst wurde. Auch ich hatte mit einem neuen geschäftlichen Umfeld zu tun, mit etablierten Strukturen und Rollenbildern.

Mit meiner ¥o-Landi-Frisur passte ich bei Meetings mit Vertretern von Dax-Konzernen natürlich nicht ins Bild, das optisch überwiegend von dunklen Hosenanzügen geprägt war. Den Undercut behielt ich auch später bei, bei Geschäftstreffen trug ich grundsätzlich Turnschuhe. Natürlich wehren sich Frauen zu Recht dagegen, nach ihrem Äußeren beurteilt zu werden. Aber für mich, in dieser Phase, in der sich unsere Firma und in der ich mich damals emotional befand, passte die Botschaft, die mein Äußeres aussendete und für die es keine Worte brauchte. Es war sofort klar, dass wir – unsere Agentur – in jede neue Geschäftsbeziehung unsere Strukturen und Regeln mit einbrachten. Das entsprach auch der Haltung meiner beiden Partner. Wir wussten letztlich ja auch, dass wir diesen Konzernen mit unserer Digitalberatung etwas Neues boten, zu einer Zeit, als nur wenige etwas mit Facebook oder Twitter anfangen konnten. Mein Äußeres fügte sich in das ein, was wir diesen Firmen anboten: einen anderen Blick auf die

Welt, neue Ansätze und Wege. Etwas Neues. Etwas anderes.

Die Jahre zwischen 2010 und 2015 fühlen sich in der Rückschau an, als wäre das die Phase in meinem Leben, in der ich erwachsen wurde, in der ich sowohl im Berufsleben als auch privat wuchs. Eine Zeit des Umbruchs, weg von dem alten Leben, hin zu einem neuen. Ich lernte damals meinen Lebenspartner kennen. Heute haben wir zwei Kinder miteinander.

Auch wenn es vielleicht seltsam klingen mag, hat mich ¥o-Landi beim Erwachsenwerden begleitet – in dieser Zeit, in der ich viele Erfahrungen, die mich geprägt haben, sehr geballt durchlebte.

2016 bekam ich dann von dem Telekommunikationsunternehmen Freenet das Angebot, mich als Aufsichtsrätin zu bewerben. Christoph Bornschein, mein guter Freund und Mitgründer von TLGG, erwähnte einmal eher nebenbei, dass ich möglicherweise einen Anruf von einem seiner Bekannten bei Freenet bekommen werde. Als der Anruf kam und ich gefragt wurde, ob mich der Posten einer Aufsichtsrätin interessieren würde, war ich erst einmal ziemlich überwältigt. Ich sammelte mich kurz, stellte dann einige Fragen zu meiner Rolle und den Aufgaben in diesem Gremium – denn darüber wusste ich zugegebenermaßen gar nicht so viel. Anschließend bat ich um zehn Minuten Bedenkzeit. Als die zehn Minuten vergangen waren, rief ich zurück und sagte zu.

Ich entschied das allein, die kurze Bedenkzeit reichte mir.

Nachdem ich das Angebot angenommen hatte, war einer der nächsten Schritte, dass ich mich den Aktionären vorstellte. Dazu muss man vielleicht kurz erwähnen, dass ich als Schülerin gerne Hustenanfälle vortäuschte, um nicht vor der Klasse vorlesen zu müssen – und auch bei TLGG war es so, dass ich das Reden bei großen Meetings gerne Christoph oder Boontham überließ. Vor den Aktionären zu sprechen war durchaus ein großer Schritt für mich.

So trat ich also vor sechshundert Leuten zum ersten Vorstellungsgespräch meines Lebens an. In den Wochen davor war ich manchmal sicher gewesen, vor Aufregung gleich tot umzufallen. Aber ich wollte das durchziehen. Ich hatte zugesagt – letztlich aus einem Grund. Weder fand ich die Vergütung der Aufsichtsräte an dem Angebot interessant, noch hätte diese neue Position für das Image unserer Agentur viel gebracht. Entscheidend war für mich, dass mit mir einer jungen Frau die Gelegenheit gegeben wurde, in eine entscheidende wirtschaftliche Position zu kommen.

Ohne dass ich lange warten musste. Oder mich verbiegen musste.

Die Wahl war ein starkes Symbol, auch für andere junge Frauen. Ich wollte nicht auf die Gelegenheit verzichten zu zeigen: Das sonst sehr männlich geprägte System verändert sich. Frauen können es verändern, ob älter oder jung. Man muss sich nicht anpassen, um erfolgreich zu sein. Neunundneunzig Prozent der anwesenden Freenet-Aktionär*innen wählten mich.

Ich hatte mich vor ihnen in meiner Rede einmal verhaspelt, und einmal mir fiel ein Wort nicht ein. Aber ich wusste auch: Von allen, die hier im Raum sind, kenne ich mich im Bereich Digitalisierung am besten aus. Das half. Denn ich war weit außerhalb meiner bisherigen

Komfortzone, als ich meine erste Rede auf einer Bühne vor den Aktionär*innen hielt. Es war ein guter Schritt, ich kann ihn nur empfehlen.

Nach der Wahl folgte eine Phase, in der ich viel öffentliche Aufmerksamkeit bekam. Das war gut und nicht unbeabsichtigt. Ich wollte ja, dass alte Strukturen aufgebrochen werden und diese Veränderung in der Öffentlichkeit auch wahrgenommen wird. Oft wurde ich nun also gefragt, ob die Frauenquote bei meiner Berufung eine Rolle gespielt habe – ja, hat sie natürlich. Und ob man Quotensystemen nun grundsätzlich kritisch gegenübersteht oder nicht, muss man hier doch festhalten: dass Unternehmensentscheider*innen so gezwungen sind, sich aus *ihrer* Komfortzone herauszubewegen und jemanden einzustellen, der das Unternehmen voranbringt – und nicht jemanden, der möglichst berechenbar ist. Nach dem Prinzip funktioniert das nämlich leider meistens, wie Studien zeigen. Führungspositionen sind häufig mit Männern besetzt, die wiederum gerne Männer befördern, die ihnen ähnlich sind – ähnlich denken oder dieselben Werte teilen. Deshalb sind sie berechenbar, was bedeutet, dass man in der Zusammenarbeit nicht viel Stress mit ihnen haben wird. Aber das bedeutet leider auch, dass weder neue Denkmuster noch Diversität gefördert werden. Davon bräuchten wir mehr, um den drängenden Fragen unserer Zeit zu begegnen.

Nun war es aber so, dass ich nach meiner Berufung in Interviews immer wieder mal kurz in diesen Themenbereich eintauchte, aber deutlich öfter dazu befragt wurde, ob ich für andere Frauen ein Vorbild sein wolle (ja!), es ging auch um Familienpflichten und viel um mein Aussehen. Eine Zeitlang fühlte sich auch Letzteres durchaus richtig an. Ich fand es gut, darüber zu sprechen, dass ich mich nicht verkleiden möchte, um im Aufsichtsrat zu sitzen. Das war ja auch eine Botschaft: Verbiegt euch nicht für andere.

Nach einigen Monaten war es im Frühjahr 2018 Martina Merz – inzwischen Vorstandsvorsitzende von Thyssenkrupp –, die mich auf die Schieflage hinwies. «Es geht selten um deine Expertise im Bereich Digitalisierung und fast nur um die Wahl deiner Schuhe, dein Aussehen oder wie du Familie und Arbeit vereinst.» Damit hatte sie recht. Einen Mann, der in einen Aufsichtsrat gewählt wird, würde man das alles sicherlich nicht fragen.

Ich finde, auf Fragen zum Äußeren kann man grundsätzlich verzichten – egal, ob sie einer Frau oder einem Mann gestellt werden. Aber dass Männer mehr über Persönliches sprechen, über Familie und wie sie sich organisieren, würde natürlich auch alte Strukturen weiter aufbrechen. Dadurch würde die Arbeitswelt sehr viel menschlicher.

Ich lehne es also heute nicht ab, über Familienpflichten zu sprechen oder über die Frage, ob ich ein Vorbild sein kann. Aber ich möchte Männer dazu auffordern, das auch zu tun. Und sich nicht anzupassen oder zu verbiegen.

2018 sah ich ¥o-Landi zum letzten Mal auf der Bühne. Gemeinsam mit einer guten Freundin, mit der ich auch zu den anderen Konzerten gegangen war, fuhr ich zur Berliner Wuhlheide, wo *Die Antwoord* bei einem Open-Air-Festival auftrat.

Nach ein paar Minuten musste ich gehen, sehr zur Überraschung meiner Freundin. Aber die Zeit für diese Musik war einfach vorbei.

JUTTA ALLMENDINGER

JUTTA ALLMENDINGER ist eine der bedeutendsten deutschen Soziologinnen. Nach Stationen am Max-Planck-Institut in Berlin und an der Harvard University war sie zunächst Professorin für Soziologie an der Ludwig-Maximilians-Universität München. Seit 2007 ist sie Präsidentin des Wissenschaftszentrums Berlin für Sozialforschung (WZB), nachdem sie zuvor Direktorin des Instituts für Arbeitsmarkt und Berufsforschung (IAB) in Nürnberg war. Sie ist zudem Mitglied im Herausgeberrat der «Zeit».

In ihrer Forschung beschäftigt sich Allmendinger mit der Frage, wie Bildung, Arbeitsmarkt, öffentliche Infrastruktur und kulturelle Faktoren Lebensverläufe von Männern und Frauen bedingen. Für ihre Arbeit wurde sie vielfach ausgezeichnet – unter anderem mit dem Bundesverdienstkreuz.

Jutta Allmendinger tritt für eine gesetzlich festgeschriebene Frauenquote ein; in vielen Beiträgen und Gesprächen betont sie, dass Gleichberechtigung nur erreicht werden könne, wenn sie auch Männersache sei – und als gemeinsames Ziel von Männern und Frauen verstanden werde. Am Ende profitieren wir alle von einer gerechteren Gesellschaft.

Für besondere Aufmerksamkeit sorgte sie 2020

mit der Vorhersage, dass Frauen durch die Pandemie eine «entsetzliche Retraditionalisierung» erleben würden, dass sie um Jahre zurückgeworfen würden und echte Chancengleichheit und Gleichberechtigung schwänden – weil Frauen im Zuge der Coronakrise oft wieder in die Rolle der Hauptverantwortlichen für Haushalt und Kinderbetreuung glitten.

Sie selbst, erzählt Jutta Allmendinger, die 1956 in Mannheim geboren wurde, habe früh ihren Vater verloren und sei mit ihrer Mutter aufgewachsen. Das Leben ihrer Mutter als Alleinerziehende sei oftmals hart gewesen, und so habe sie sich selbst schon in jungen Jahren Gedanken über ihre Absicherung und finanzielle Unabhängigkeit gemacht. Sie lernte früh, das Leben vom Ende her zu denken.

Jutta Allmendinger hat einen Sohn, der 1994 geboren wurde. Beide leben in Berlin.

Meine Freundin Shirley – und warum aus Zurückhaltung nichts Neues entstehen kann

Mich interessiert immer: Was denken Menschen, was ist ihre Lebenseinstellung, ihre Kultur? Was hat sie geprägt? Wir leben von Begegnungen – als Menschen, aber auch als Gesellschaft.

Es gibt eine Frau in meinem Leben, die mir in einer Situation, in der ich Vorbehalte und Skepsis erlebte – und das nur, weil ich Deutsche bin –, Brücken baute und Begegnungen möglich machte. Denke ich an Shirley Price, wird mir bewusst, wie wichtig es ist, aktiv auf Menschen zuzugehen und sie einzubinden: wie viel Kraft und Energie freigesetzt wird, wenn man vom ersten Moment an Menschlichkeit und Offenheit zeigt.

Shirley Price und ich begegneten uns das erste Mal in Los Angeles, im Jahr 2018. Ich gehörte zu den Stipendiaten, die zu einem mehrmonatigen Aufenthalt in das Thomas-Mann-Haus eingeladen worden waren. Die Bundesregierung hatte das Haus 2016 gekauft und damit wohl vor dem Abriss gerettet. Das Residenzprogramm ist darauf ausgerichtet, dass sich die Stipendiaten mit den großen Fragen unserer Zeit beschäftigen, sich mit Persönlichkeiten und Institutionen in den USA austauschen und vernetzen – auch um der zunehmenden Polarisierung in der Gesellschaft entgegenzuwirken.

Das Angebot war eine wunderbare, einzigartige Chance. Aber es war auch mit besonderer Verantwortung verbunden. So empfand ich es zumindest. Die Stipendiaten – Wissenschaftlerinnen und Wissenschaftler, Künstlerinnen und Künstler, Vertreter aus Wirtschaft, Politik und Medien – waren die ersten Deutschen, die nach seinem prominenten Namensgeber im Thomas-Mann-Haus einzogen. Der Erwerb der Immobilie war in der Nachbarschaft, einer jüdisch geprägten Community, mit Skepsis verfolgt worden. Viele Familien, die in Pacific Palisades leben, diesem im Westen von Los Angeles gelegenen Stadtteil, haben ihre Wurzeln in Deutschland, ihre Geschichte ist eine der Flucht und der Emigration.

In der Nähe des Thomas-Mann-Hauses steht die Villa Aurora. Dort hatten der Schriftsteller Lion Feuchtwanger und seine Frau Marta gewohnt. Beide waren 1933 aus Deutschland erst nach Frankreich emigriert, bevor sie 1940 über Spanien und Portugal in die USA flohen. Lion Feuchtwanger starb 1958. In seine Villa wurden schon während der letzten zwanzig Jahre Künstlerinnen und Künstler zu Gastaufenthalten eingeladen.

Biographien wie die der Manns oder Feuchtwangers prägen die Geschichte von Pacific Palisades und das Lebensgefühl dort. Auch der Philosoph Theodor W. Adorno fand hier vor den Nationalsozialisten Zuflucht. Nicht weit entfernt vom Thomas-Mann-Haus lebte Bertolt Brecht. Adorno besuchte die Manns und spielte bei ihnen Klavier. Ein anderer berühmter Philosoph, Max Horkheimer, goss die Blumen, wenn sie verreist waren. Die Gegend ist ein Paradies, ein wunderschöner Ort, aber verbunden mit einer schweren Zeit.

Ich habe einige Jahre in den USA gelebt, dort studiert und promoviert, viele Freundschaften geschlossen – und immer wieder diese besondere Offenheit im Alltag erlebt, die Freundlichkeit, mit der man sich begegnet. Dazu gehört etwa, dass Nachbarn vorbeikommen und neu Hinzugezogene begrüßen, dass man sich Hilfe anbietet, gerne ein paar Worte miteinander wechselt.

Aber die Nachbarn rund um das Thomas-Mann-Haus begegneten uns mit deutlicher Reserviertheit. Eine Erfahrung, die ein ungutes Gefühl erzeugte. Unsere Unerwünschtheit war zu spüren, und gleichzeitig verstanden wir, warum wir unerwünscht waren. So ist es einfach. Die deutsche Geschichte bringt das mit sich. In der Nachbarschaft stand ein großes Fragezeichen: Was passiert hier? Wie wird sich das Leben in unserer Gegend durch die Aufenthalte der Stipendiaten verändern? Eine solche Haltung hatte ich in den USA und in anderen Teilen der Welt nie zu spüren bekommen. Und wusste nicht, damit umzugehen. Eine Art Schockstarre.

Und doch gab es eine Nachbarin, die die gegenseitige Lähmung aufbrach: Shirley Price. Etwas über siebzig Jahre alt, mit dem für Kalifornierinnen typischen Sonnenhut auf dem Kopf. Sie winkte über den Zaun, unten von der Zufahrt des Grundstücks am San Remo Drive, die von alten Bäumen umstanden ist, während ich mich im Garten aufhielt. Ich stutzte zunächst: War ich gemeint? Dann winkte ich sehr überschwänglich zurück. Ein Moment von Wärme, von Willkommen. Ein Blick nach vorne.

Auf das Winken folgte bald eine rein zufällige Begegnung. Ich kam aus Los Angeles zurück, sie ging mit Czerny spazieren, ihrem Hund. «How are you doing?», fragte sie. «Where are you coming from? Vous êtes française?» Ich stellte mich vor, und sie unterbrach mich sofort: «Ah,

Sie sind aus Deutschland. Was machen Sie in diesem Haus? Was macht man in dem Haus? Wie lange bleiben Sie?» Innerhalb von wenigen Sekunden sprach sie Englisch, Französisch und Deutsch. Und erzählte, erzählte, erzählte. Ich erfuhr, dass sie schräg gegenüber dem Thomas Mann House wohnt und ihr Grundstück früher den Manns gehört hatte. Erst bei deren Auszug wurde es geteilt. Aber die vielen Bilder von Thomas Mann, eingerahmt von Hibiskusblüten, stammten von «ihrem» Teil des Anwesens. Ob ich mir diesen wunderbaren Ort einmal anschauen wolle? Natürlich. Die Begegnung machte mich richtig glücklich.

Dem Besuch folgte, nachdem wir uns etwas besser kennengelernt und ich ihr mein Unwohlsein erklärt hatte, ein Vorschlag: Ich solle doch jedem Nachbarn einen Brief schreiben und mich darin vorstellen. Als ich alle Briefe, jeden davon handschriftlich, geschrieben hatte, ging Shirley mit mir von Haus zu Haus. Trafen wir jemanden persönlich an, stellte sie mich vor. Wir unterhielten uns. Die Vorbehalte der Anwohner, das war zu spüren, nahmen ab. Manche luden uns in ihr Haus ein, und dank Shirley stellte sich nach und nach das Gefühl ein, hier angekommen zu sein. Nur ein älterer Herr, ein ehemaliger Rechtsanwalt, blieb sehr reserviert.

Eine Zeitlang spazierten Shirley, Czerny und ich jeden Tag gemeinsam den San Remo Drive hinauf und hinunter, durch die nahegelegenen Straßen. Sie erzählte mir aus ihrem Leben: Ihre Familie stammte aus Osteuropa, geboren wurde Shirley in Tschechien. Ihre Mutter war Näherin. Dem Versprechen vom Land der unbegrenzten Möglichkeiten folgend, wanderte die Familie in die USA aus. Shirley hatte nach Schule und Universität zunächst als Lehrerin gearbeitet, dann noch einmal Betriebswirtschaft und Jura studiert. Schließlich hatte sie angefangen, bei einem japanischen Automobilhersteller zu arbeiten. Nach verschiedenen Stationen im Unternehmen war sie zu einer führenden Managerin aufgestiegen. Mit Fahrer, in Chanel und entsprechenden Schühchen und Täschchen. Sie erzählte das alles leicht wippend, ihre damalige Rolle nachspielend, und sofort konnte man sich die im Leben stehende, immer bequem gekleidete und völlig unprätentiöse Frau in einer Concorde vorstellen. Und dann spazierten wir weiter. Hier wohnt Steven Spielberg, dort Matt Damon, dieses Haus bewohnt ein sehr reicher Osteuropäer, er will aber seine Ruhe, niemand kennt ihn.

Als ich Shirley kennenlernte, war sie seit fünf Jahren im Ruhestand. Aber Ruhe suchen? Das war nicht ihr Ding. Sie interessierte sich für China und Taiwan, hatte deshalb Mandarin gelernt. Sie sprach viele Sprachen fließend, auch Tschechisch und Schwedisch.

Über «Lifelong Learning» als Bildungsparadigma wird heute viel diskutiert, und hier traf ich diese wunderbare ältere Dame, die nicht aufhörte, sich für die verschiedensten Dinge zu interessieren, und einfach der Meinung war, dass das Leben sich doch ruhig öfter verändern sollte. Ihre Begeisterung, als Frau ihre Ziele erreicht zu haben, war ansteckend. Diese Offenheit, mit der sie über weibliche Lebensverläufe sprach, mit im tiefsten Herzen empfundener Freude, hatte etwas sehr Ermutigendes und Inspirierendes. Und Shirleys Haltung – trotz des Wissens um die Vorbehalte in Pacific Palisades gegenüber dem neu belebten Thomas-Mann-Haus – zeigte mir, wie wichtig es ist, Menschen mit einem Vertrauensvorschuss zu begegnen, mit Respekt, Toleranz, Neugier und Mitmenschlichkeit. Shirleys aktive Rolle in der Nachbarschaft hatte für mich Signalwirkung: nicht zuzuschauen, sondern da konstruktiv einzugreifen, wo die Chance besteht, Menschen miteinander zu verbinden. Den Blick offen zu halten, gerade auch, wenn man älter wird, und sich nicht zurückzuziehen. Das lebte mir Shirley vor.

Aus unseren Spaziergängen ergab sich eine Routine: morgens gemeinsam den Strand von Santa Monica entlangzulaufen. Hier finden sich, solange es noch etwas frischer ist, Surfer, Radfahrer und Strandläufer ein. Mit etwas Glück sieht man Delfine aus den Wellen springen.

Pacific Palisades liegt neben den Stadtteilen Brentwood und Santa Monica. Kennzeichnend für diese Gegend von Los Angeles sind große Häuser und Villen, gepflegte Straßen, die Nähe zu den langen Stränden. Die Lebenshaltungskosten sind hoch. Schon während unserer ersten Morgenrunde am Strand fielen mir die Obdachlosen auf. Auf Luftmatratzen schlafend, in Decken und Schlafsäcke gewickelt. Einige hatten Zelte. Viele junge Menschen, etwa die Hälfte waren Frauen, alle in ihren Zwanzigern. Aber nicht nur ihr Alter war auffällig. Sie standen früh auf, packten ihre Sachen zusammen. Dann nutzten sie die öffentlichen Duschen und Umkleiden am Strand, um ordentlich gekleidet, einige in Jacketts, den Strand zu verlassen. Ihre Sachen ließen sie zurück, zusammengepackt. Ich war ziemlich perplex, dachte zunächst: Wahrscheinlich gehen sie zu Kursen für Arbeitslose.

Als Shirley und ich ihnen das nächste Mal begegneten, sprach ich einige spontan an. Die positive Erfahrung mit den Nachbarn in Pacific Palisades hatte mir Mut gemacht. Was mir die jungen Leute dann aber erzählten, versetzte mir einen regelrechten Schock. Ich war erschrocken über mich selbst und den Berg an Vorurteilen, der dazu geführt hatte, dass ich diese Leute in eine Schublade gesteckt hatte. Was ich jetzt im Gespräch erfuhr: Sie waren ausgebildete Lehrer! Erwerbstätige Obdachlose. Einige andere, erzählten sie mir, schliefen in ihren Autos. Sie alle verdienten nicht genug, um sich in der Nähe ihrer Arbeitsstelle eine Wohnung leisten zu können. Die Versäumnisse der US-amerikanischen Arbeitsmarkt- und Sozialpolitik zeigten sich hier so deutlich wie selten.

Seither habe ich viel gelernt über die sozialen Missstände in den USA. Immer mehr berufstätige Menschen rutschen in die Wohnungslosigkeit ab. Neuere Forschungsergebnisse zeigen, dass sogar Angehörige des Mittelstands davon betroffen sind. Auch in Deutschland könnten bald ähnliche Zustände herrschen, da hier die Haushalte dazu gezwungen sind, einen immer größeren Teil ihres Einkommens für die Miete aufzuwenden.

Um die Untersuchungen zu Wohnungsnot und Obdachlosigkeit voranzutreiben, veranstaltete ich nach meiner Rückkehr in Berlin ein Seminar, bei dem Obdachlose und Obdachlosenvertreter zusammenkamen. Fest steht: Wir haben eine viel zu geringe Datenlage. Der Aspekt Wohnungsarmut ist in der Armutsforschung zu wenig beachtet worden. Mehr darüber zu forschen war eines der Vorhaben, die ich aus dem Thomas-Mann-Haus mitgenommen habe.

In den USA ist man zumindest in einigen Städten wie Los Angeles schon so weit, dass Freiwillige nachts ausschwärmen, um die Obdachlosen zu zählen. In Deutschland gibt es dagegen oft nur grobe Schätzungen. Eine wichtige Wegmarke war die Berliner «Nacht der Solidarität», in der Obdachlose zu ihren Lebensumständen befragt wurden. Anders als in Los Angeles sind die Obdachlosen im Stadtbild kaum sichtbar. Und in unserer Gesellschaft meinen viele, dass diesen Menschen jede Motivation fehlt, in die Normalität zurückzukehren. Krank und süchtig, das ist das gängige Urteil. Es gibt Modellprojekte, in denen Obdachlose für einen gewissen Zeitraum Hotelzimmer erhalten, während ihnen Sozialarbeiter dabei helfen, ihren Alltag eigenverantwortlich zu gestalten. Bedingt durch die Pandemie sind solche Programme beschränkt worden, aber sie haben gezeigt, dass es darauf ankommt, den Menschen Vertrauen zu schenken – etwa indem man ihnen ein Hotelzimmer anbietet. Programme, bei denen Obdachlose erst bestimmte Kriterien erfüllen müssen, bevor sie Wohnraum angeboten bekommen, zielen in die andere Richtung: Hier muss das Vertrauen erst verdient werden.

In Los Angeles erfuhr ich, dass sich zwar die Hilfsbereitschaft in der Bevölkerung erhöht, wenn Obdachlose im Stadtbild sichtbar sind, etwa weil sie in Zelten am Strand schlafen; aber die Nähe erzeugt keine Identifikation. Hier wird etwas für die Menschen getan, vor allem aber deshalb, weil sie aus dem jeweiligen Umfeld verschwinden sollen. In Deutschland dagegen denken sich viele Menschen sicher: Warum leben die Obdachlosen nicht in Notunterkünften? Die Gespräche mit den Obdachlosen in Los Angeles haben mir gezeigt, dass man seine Vorannahmen hinterfragen muss. Ich bin froh, diese Erfahrung gemacht zu haben.

Nach vier Monaten im Thomas-Mann-Haus hieß es Abschied nehmen. Meine Abreise fiel in die Septemberwoche, in der ich Geburtstag habe. Ich überlegte nicht lange und plante ein Fest. Weit mehr als der Geburtstag zählte das Gefühl, eine Gemeinschaft gebildet zu haben. Aus Berlin kamen zwei meiner Mitarbeiterinnen. Fünf Tage lang kochten wir, kauften ein, bereiteten vor. Im Garten stellten wir lange Tafeln auf, mit Kerzen und Lichtern.

Ich lud alle Nachbarn ein – und Shirley war natürlich mein Ehrengast. Besonderen Mut kostete es mich, den älteren Herren, den ehemaligen Rechtsanwalt, einzuladen, zu dem ich bis dahin keine Verbindung hatte aufbauen können. Wann immer ich ihn sah und grüßte, wirkte er abgewandt. Aber er kam an dem Abend, stand eine Weile im Garten und sah sich um.

Als alle sich gesetzt hatten, hielt ich eine kurze Rede, in der ich vor allem Shirley noch einmal dankte. Nachdem auch ich mich gesetzt hatte, stand – zu meiner großen Überraschung – der ältere Herr auf. Er bedankte sich: für das Zeichen, das ich gesetzt hätte. Er sprach über den Holocaust und die Vertreibung jüdischer Familien aus Europa. Auch über das Leben, das dann für einige weiterging, irgendwie. Es sei ein Zeichen des Respekts und der Akzeptanz, dass wir hier zusammengekommen seien. Während der letzten Monate habe eine emotionale Annäherung an Deutschland stattgefunden, die er eigentlich nicht für möglich gehalten habe. Was er sagte, trieb mir Tränen in die Augen. Schuld kann nicht individuell vererbt werden, doch als Gesellschaft haben wir eine gemeinsame Verantwortung – über Generationen hinweg.

Ich kann gar nicht oft genug sagen, wie dankbar ich Shirley Price für ihren Vorschuss an Vertrauen bin. Aus Zurückhaltung entsteht nichts Neues, kann nichts Gutes erwachsen.

VERENA PAUSDER

MAN KÖNNTE damit anfangen, Verena Pausder als eine der prägenden Stimmen in der Debatte über Digitalisierung und Bildung in Deutschland vorzustellen: als Frau, die sich für Aufbruch und Veränderung einsetzt. Mit den von ihr gegründeten Unternehmen Fox & Sheep und der HABA Digitalwerkstatt bringt sie das digitale Lernen voran. Auch ehrenamtlich engagiert sie sich für digitale Bildung – und dafür, dass Jugendliche sich trauen, Ideen zu entwickeln, Firmen zu gründen und sich in der Start-up-Szene zu vernetzen. Verena Pausder gehört zu den Young Global Leaders des Weltwirtschaftsforums, und sie hat mehrere Beiratsmandate, etwa in dem Textilunternehmen Delius, das ihr Vater die letzten dreißig Jahre führte. Sie stammt aus einer Unternehmerfamilie, und das spürt man. Nicht nur ihr eigener Lebensentwurf ist ihr wichtig, nicht nur ihr eigener Weg, sondern: den Weg für andere zu bereiten, insbesondere für jüngere Menschen. Sie fordert mehr Diversität in der Wirtschaft, mehr Frauen in Führungspositionen, «menschlichere Arbeitsbedingungen», wie sie es nennt, die Frauen ermöglichen, sich sehr viel freier in ihrem Beruf zu entwickeln.

Man könnte aber genauso gut damit anfangen,

dass Verena Pausder zwei Söhne und eine Tochter hat und von der Situation, als Mutter berufstätig zu sein, wie auch von den gesellschaftlichen Zuschreibungen, die damit einhergehen, ein ziemlich langes Lied singen kann. Gut gelaunt, aber doch sehr deutlich spricht sie aus, was sich strukturell verändern muss. Was möglich ist, wenn man die Dinge entschlossen anpackt, hat sie während der Coronakrise gezeigt, als Eltern und Lehrer von einem Tag auf den anderen auf Homeschooling umstellen mussten – und nicht wenige davon überfordert waren. Pausder stellte die Website homeschooling-corona.com ins Netz: ein Leitfaden fürs Lernen, praktische Hilfe, gute Energie inbegriffen. Hunderttausendfach wurde die Seite aufgerufen und geteilt.

Große Männer, die bundesrepublikanische Geschichte geschrieben haben, gibt es übrigens gleich zweifach in Verena Pausders Familie: die Bundespräsidenten Gustav Heinemann und Johannes Rau, dessen Ziehsohn. Die Energie, die sie selbst aufbringt, um sich einzumischen, nicht stehen zu bleiben, sich nicht bremsen zu lassen, sagt Verena Pausder, hat aber vor allem mit ihrer jüngeren Schwester Viktoria zu tun, der Frau, die sie als absolut prägend in ihrem Leben beschreibt.

Meine Schwester Viktoria – und warum es wichtig ist, dass Mädchen selbst die Grenzen des Machbaren festlegen

Als Mädchen habe ich meine kleine Schwester Viktoria überallhin mitgenommen – zu Freundinnen, nachmittags zum Spielen, zu Geburtstagsfeiern, auf den Sportplatz. Nie habe ich mich als Kind gefragt, was die anderen darüber wohl denken: ob sie mich vielleicht seltsam fanden, mich belächelten oder sich fragten, warum ich immer diesen Schatten bei mir hatte, während andere Freundinnen versuchten, sich ihre kleinen Geschwister vom Hals zu schaffen. Viktoria war nicht mein Schatten und ich nicht die, die sich nicht allein hinaustraute. Die Welt war einfach schöner mit ihr, reicher, besser. Und so ist es nach wie vor.

Trotzdem gibt es eine Vielzahl von Klischees, die an Mädchen haften und erst mal andere Gedanken nahelegen. Deshalb kommt mir ganz unmittelbar in den Sinn zu sagen: Viktoria war als kleines Mädchen nicht etwa eine, die versuchte, im Licht anderer zu glänzen. Sie hatte – und hat – im Gegenteil so viel Licht in sich, dass sie das gar nicht brauchte. Was ihre Grundeinstellung zum Leben so unverwechselbar macht: Sie ist absolut frei von Neid. Unterstützt mich immer. Ist stolz auf mich, so wie ich auf sie.

Wir fühlten uns als Mädchen zusammen glücklich – und bärenstark. Als Kinder hatten wir das Los gezogen, uns von Beginn an zu lieben, und als Teenager und junge Frauen begriffen wir, wie sehr uns diese Liebe bestärkt. Gegenseitig haben wir uns ermutigt, uns nicht in dem Geflecht von Rollenzuschreibungen festhalten zu lassen, die Mädchen und junge Frauen trotz aller gesellschaftlichen Veränderungen immer noch bremsen.

Die gesellschaftliche Situation für Frauen heute ist schnell zusammengefasst: Frauen arbeiten viel häufiger als Männer in Teilzeit. Sie sind viel häufiger diejenigen, die in Elternzeit gehen. Viel häufiger passen sich Frauen den männlichen Karrierewegen und Lebensverläufen an, wenn sie in einem Beruf, der sie erfüllt, aufsteigen wollen. Sollte die Welt nicht viel mehr auf die Lebensverläufe von Mädchen und Frauen ausgerichtet sein?

Viktoria und ich hatten das Glück, eine gute Ausbildung zu bekommen. Auch in gelebter Chancengleichheit. Wir erlebten als Mädchen, wie unsere Mutter ihrem Beruf nachging und ein Einrichtungsunternehmen leitete. Manchmal verwandelte sie das ganze Haus in einen Ausstellungs- und Verkaufsraum, richtete die Welt so ein, wie sie gerade sein musste. Auch mein Vater vermittelte uns nicht nur in Worten, dass Frauen und Männer dasselbe erreichen können. Mit dieser Überzeugung aufzuwachsen darf nicht vom Zufall abhängen, von Privilegien, die einem das Elternhaus bietet. Es muss für uns als Gesellschaft selbstverständlich werden.

Die Realität im Jahr 2021 sieht leider anders aus. Wie viele Mädchen gehören zu den Besten in der Schule, erleben dann aber im Beruf immer noch Benachteiligung und spätestens als Mütter, dass die Welt nicht für sie gemacht ist? Dieses Gewohnheits- und Rollengeflecht ist so lange gewoben worden, dass es schwer zu lösen ist. Und man sieht ja, wie früh es anfängt, dass jeden Tag wieder ein Faden dazukommt, der es festigt: etwa durch die individuelle Prägung in einer Familie, in der die Mutter in Teilzeit arbeitet und der Vater Vollzeit, weil es immer noch viel zu wenig Jobsharing-Modelle gibt und keine gerechte Einkommensverteilung. Es fehlt an innovativen, nachhaltigen Impulsen. Zu Beginn der Coronakrise lag der Fokus auf neuen Arbeitsmodellen, jetzt ist die Debatte schon wieder abgeflaut.

Es muss sich viel verändern: Mädchen sollten besser für die Berufe ausgebildet werden, die in einer zunehmend digitalisierten Welt wichtig werden. Es braucht geeignete Konzepte, um junge Frauen in naturwissenschaftliche Studiengänge zu führen; so schafft man auch mehr Gleichberechtigung. Es gibt zahlreiche Studien, die zeigen, dass es die Absolventen und Absolventinnen dieser Studiengänge weit bringen, oft bis ganz nach oben in Unternehmen, wenn sie nicht gleich selbst eines gründen.

Auch an Debatten fehlt es, die Mädchen darin bestärken, dass sie selbst die Grenzen des Machbaren festlegen und niemand von außen das für sie erledigt. Egal, in welcher Phase ihres Lebens. Es braucht Mut und manchmal Ermutigung, wenn es nicht gleich glattläuft auf einem unebenen Weg. Trotz all der glücklichen Ausgangsbedingungen in meinem Leben hätte ich mir zu jeder Zeit mehr davon gewünscht – um selbst bestärkt zu werden. Denn was die Familie einem mitgibt, ist ja nur ein Baustein für das, was man sich aufbaut.

Ich kann von Glück sagen, dass ich immer die Solidarität meiner Schwester habe, die, wenn ich mich von Kommentaren getroffen fühle, in der für sie typischen, direkten Art sagt: «Geht's noch?! Lass dich doch nicht bremsen.» Und diese Haltung, die brauchen wir alle.

Ein Beispiel: Ich habe in den letzten Jahren vieles erreicht, als Unternehmerin, als Gründerin, als Ideengeberin für Initiativen. Aber wie oft habe ich nachgeschobene Sätze gehört wie: «Jetzt bist du ja gerade sehr präsent.» Oder: «Du kannst so zufrieden sein. Da muss doch nicht gleich das nächste Projekt kommen. Du hast ja auch die Kinder.»

Würde man das auch zu einem Mann sagen?

Frauen wird viel häufiger vermittelt als Männern, dass sie zu viel wollen. Mich lässt das nicht immer unberührt. Wer fühlt sich schon immer stark? Es bleibt ein gesellschaftliches Problem, dass Frauen zu oft mit dem Vorwurf konfrontiert werden, sie seien zu ehrgeizig, gefühllos oder Rabenmütter. Wir brauchen ein grundsätzlich anderes Bewusstsein, das Männer und Frauen nach demselben Maßstab misst.

In Momenten, in denen ich Zweifel habe, bin ich so dankbar für Viktorias Haltung. Es tut gut, wenn sie zu mir sagt: «Lass dir von niemandem einreden oder auch nur das Gefühl vermitteln, dass du zu viel willst. Zu präsent bist. Dir als Frau zu viel Raum nimmst.» Die Beziehung, die ich zu ihr habe, ist wie eine Gegenkraft, die wir beide uns geben, wann immer wir sie brauchen.

Viktoria betrachtet das Leben stets von allen Seiten. Und sie kritisiert mich manchmal auch – ein Glück! Wir sind ziemlich verschieden in unserer Herangehensweise an Projekte. Ich bin schnell bereit für etwas Neues, den Sprung ins kalte Wasser. Viktoria ist vorsichtiger, wägt länger ab. Sie hat in ihrem Berufsleben weniger Höhen und Tiefen erlebt. Einige meiner Sprünge sind mir gelungen, bei anderen habe ich mir Blessuren zugezogen. Ohne die kommt man nicht davon, wenn man ins Risiko geht. Doch es braucht danach nicht nur aufbauende Worte, sondern offene, ehrliche – in meinem Fall die von Viktoria, die mich nicht bewertet, sondern gemeinsam mit mir nachdenkt, kritisch reflektiert.

Viktoria und ich haben sogar schon gemeinsam ein Unternehmen geführt. Ich studierte zu der Zeit in St. Gallen, Viktoria ging noch zur Schule. Nach einer New-York-Reise überzeugten wir unsere Eltern, dass es in Bielefeld, unserer Heimatstadt, unbedingt ein Sushi-Restaurant brauche – unser Familienrestaurant! Heute ist Sushi im Supermarkt zu haben, damals war es eine Seltenheit in Deutschland. Viktoria und ich waren sicher, einen Trend setzen zu können. Mein Vater hatte eine geeignete Immobilie, wir erarbeiteten ein Konzept und fanden einen japanischen Sushi-Meister. Dann ging es los. Unsere Eltern ließen uns machen. Ich kümmerte mich um die Zahlen, Viktoria war als Geschäftsführerin angestellt und leitete nach Schulschluss das Restaurant. Es wurde ein Erfolg. Da auch in der Zeitung über unser Restaurant berichtet wurde, erfuhren auch Viktorias Mitschüler bald schon von der Gründung. Einige Freunde und Mitschüler nahm sie gleich mit an Bord, stellte sie im Service ein. So kamen ein paar Schülerjobs zusammen. Viktoria ging mittags nach der Schule rüber ins Restaurant, das günstigerweise gleich nebenan war – und gegenüber von unserem Zuhause. Nachmittags machte Viktoria dann ihre Hausaufgaben und bereitete sich auf das Abitur vor, am frühen Abend ging sie wieder rüber ins Restaurant.

Ihren Freunden gegenüber sagte Viktoria oft, das Restaurant sei wie ein Hobby – auf jeden Fall ein zeitintensives Hobby! Später haben wir einen zweiten Geschäftsführer eingestellt. So hat es für Viktoria neben der Schule gut funktioniert.

Nach ein paar Jahren gingen sie und ich neue Wege, meine Eltern behielten das Restaurant noch über diese Zeit hinaus. Für Viktoria war es nur ein erster Schritt, sie hat danach weitere Unternehmen gegründet.

Aber natürlich gab es auch Rückschläge in meinem Leben. Als ich Anfang dreißig war, ging die Beziehung mit meinem damaligen Ehemann in die Brüche. Ich hatte zwei kleine Söhne und jede Menge Trennungsschmerz. Die Erste, die ich anrief, um ihr davon zu erzählen, war meine Schwester – wissend, dass sie eine sehr harmonische Beziehung und zwei tolle Töchter hat, ein aufgeräumtes Leben. Aber die Schwäche, die ich in dem Moment empfand, war kein Hindernis. Diese Art von Zwischenmenschlichkeit, Verbundenheit, sich auf den anderen verlassen zu können, gibt viel Kraft. Viktoria hat mir immer mit großer Offenheit zugehört, sie hat mit mir gesprochen und war im richtigen Moment durchaus kritisch, aber immer aus dem Verständnis heraus, dass Schwäche dazugehört.

Ich bin heute sehr glücklich verheiratet, aber bevor ich meinen Mann kennenlernte, war natürlich gar nicht klar, wie es in meinem Leben mit zwei kleinen Kindern weitergehen würde. Wenn ich heute öffentlich spreche, werde ich selten gefragt, was ich meinen Söhnen beibringen möchte, was uns gemeinsam wichtig ist, was uns Freude macht, wie wir Konflikte lösen, warum wir uns so nah sind. Stattdessen geht es fast immer um organisatorische Fragen: «Wer kümmert sich um die Kinder, wenn Sie arbeiten? Wie oft sehen Sie sie?» Vollkommen klar, natürlich muss ich das gut organisieren – aber klingt da nicht schon die Unterstellung mit, ich würde nicht genug Zeit mit meinen Kindern verbringen? Ist Zeit überhaupt das wesentliche Maß oder nicht viel mehr, welche Beziehung man zueinander hat?

Wir sollten uns in der Gesellschaft viel mehr darum bemühen, dass die Arbeitswelt menschlicher wird – besonders in den Vorstandsetagen – und dass es echte Chancengleichheit gibt. Frauen in Führungspositionen bekommen viel Aufmerksamkeit, sie werden aber auch unverhältnismäßig hart beurteilt. Auch hier hilft Viktorias «Geht's noch?». Vor einer Weile habe ich einen Satz gelesen, der mir gefällt: Lass dich von der Gesellschaft nicht zähmen. Punkt.

DJAMILA BÖHM

DIE LEICHTATHLETIN DJAMILA BÖHM wurde 1994 in Köln geboren, wo sie mit ihren Eltern und ihrem älteren Bruder aufwuchs. Sie ist eine der erfolgreichsten deutschen 400-Meter-Hürden-Läuferinnen.

Neben ihrer Karriere als Leichtathletin studiert Djamila Böhm Sport, Medien und Kommunikationsforschung an der Sporthochschule in Köln, nachdem sie 2018 bereits ein Studium der Politikwissenschaften, Soziologie und Kommunikationswissenschaften an der Heinrich-Heine-Universität in Düsseldorf abgeschlossen hat.

Djamila Böhm arbeitet als Autorin für verschiedene Zeitungen, macht einen Podcast und schreibt einen Blog. Im Letzteren setzt sie sich mit aktuellen Themen in der Leichtathletik auseinander, unter anderem geht sie kritisch der Frage nach rassistischen Vorurteilen und der Diskriminierung von Frauen im Sport nach.

Im Anschluss an ihre Karriere als Profisportlerin möchte sie gern weiter als Journalistin tätig sein – am liebsten als Auslandskorrespondentin.

Meine Mutter, Serena Williams – und warum es keine *richtigen* Mädchen gibt

Als Mädchen waren andere Kinder, die Fangen spielten oder Fußball, wie ein Magnet für mich. Das ist von Anfang an so gewesen, erzählt meine Mutter. Es zog mich immer dorthin, wo andere in Bewegung waren, wo Wettbewerb war. Ich maß mich auch gerne mit Jungen. Vor Gerangel und Fußtritten auf dem Spielfeld scheute ich nicht zurück. Auch nicht vor den älteren Jungen, während manche meiner Freund*innen lieber erst mal an den Rand des Platzes auswichen, um Laune und Mannschaftsstärke der Großen abzuschätzen.

Meine Mutter sah das alles natürlich, aber sie wartete ab, bis ich selbst auf die Idee kam, in einem Fußballverein spielen zu wollen. Das war im zweiten Grundschuljahr.

Erst einmal brauchte ich Sportschuhe. Im Geschäft bat mich der Verkäufer, den Gang zwischen den vollgepackten Regalen auf und ab zu laufen, um zu prüfen, ob die Schuhe gut saßen. «Du hast einen ganz besonderen Laufstil», meinte er dann zu mir. Ich war überrascht. «Warte!» oder «Nicht so schnell!» oder «Wähl Djamila in unsere Mannschaft», das hörte ich öfter von meinen Freund*innen und den Kindern aus der Nachbarschaft. Mir war bewusst, dass ich schneller lief als andere. Aber dass mein Laufstil einem Erwachsenen auffiel, blieb mir in Erinnerung.

DJAMILA BÖHM

Laufstil. Das Wort war neu.

Meine Mutter hat mich nie dazu angetrieben, Sport zu machen – oder mich selbst zu fordern. Über meinen Erfolg freut sie sich, aber sie hatte selbst nie den Ehrgeiz, mich unbedingt erfolgreich sehen zu wollen. Sie hat auch nie bestimmte Erwartungen an mich gestellt, wie ich als Mädchen und Frau sein sollte. Rückblickend denke ich, meine Mutter war gerade deshalb so bestärkend für mich, weil sie bestimmte Lebensthemen anders anging, als *man* das üblicherweise machte, und mich nicht durch diesen Filter sah, wie *man* als Kind zu sein hatte. Ich sei frech, sagten zum Beispiel manche Nachbarinnen über mich. Meine Mutter fand, ich sei selbstbewusst – nicht mehr oder weniger willensstark als die Jungen auf dem Fußballplatz.

Die Grundschule war nicht weit von der Siedlung entfernt, in der wir wohnten. Eine Gegend mit vielen Einfamilienhäusern, umgeben von einem Wald und mit einem kleinen Bach, sehr idyllisch gelegen am Kölner Stadtrand. Es gab nicht viele andere Schwarze Kinder. Aber in der Welt, in der ich aufwuchs, spielte das keine größere Rolle. Ich hatte viele Freund*innen, war überall gerne gesehen und mit dabei.

Zu meiner Schulzeit gehören zwei Lehrerinnen, Frau Rüttgers und Frau Wellmann, die mich besonders förderten. In Deutsch, wo ich schnell vorankam, bereiteten sie für mich Aufgaben vor, die eigentlich für die nächste Jahrgangsstufe gedacht waren. Ich hatte großes Glück mit diesen beiden Frauen, sie schufen für mich gute Startbedingungen. Selbstbewusstsein wächst, wenn andere es mit aufbauen. Schon in der Schule nahm ich mir vor, später einmal Auslandskorrespondentin zu werden.

Meine Mutter erinnert sich heute daran, dass ich, wenn ich nicht gerade im Park nahe unserer Wohnsiedlung oder auf dem Fußballplatz herumtobte, meistens ein Buch in der Hand hatte. Meine Neugier auf Geschichten, ein enges Verhältnis zu Worten, die Lust, auch selbst zu schreiben, waren vielleicht genauso früh da wie das, was ich unter dem aufregend klingenden Begriff «Laufstil» nun etwas bewusster wahrnahm.

Ich verdanke meiner Mutter viel, denn sie überließ mir herauszufinden, was ich mochte, was ich konnte und was mir wichtig war. Das Bewusstsein, eigene Entscheidungen treffen zu können und zu müssen, wuchs in mir – ohne viel Einfluss von außen.

Andere Kinder hatten vielleicht schon mitbekommen, dass Eltern sich freuten, wenn man zu ihnen sagte: «Ich werde mal Ärztin.» Ich hatte andere Träume, die in ganz unterschiedliche Richtungen gingen: Sport fand ich toll, Journalismus – oder auf einer Bühne zu stehen. Ich spielte gerne Theater. Schon in der Grundschule nahm ich an kleineren Aufführungen teil. Im zweiten Jahr des Gymnasiums, ich war zwölf Jahre alt, spielte ich in dem Musical «Die Schöne und das Biest» mit. Meine Mutter hatte mich dafür angemeldet, geprobt wurde im Jugendzentrum bei uns im Viertel. Beim Vorsingen für die Hauptrolle wurde ich in der zweiten Runde als «Belle», die Schöne, ausgewählt. Dann passierte es.

Ein paar Mädchen, die ebenfalls in dem Musical mitspielten, unterhielten sich. Sie standen nahe bei mir, und so konnte ich hören, was sie sagten.

«Djamila passt überhaupt nicht in die Rolle», sagte die eine.

Und eine andere: «Sie kann doch gar keine Märchen-Hauptfigur sein. Denn die sehen nicht so aus wie sie.»

Die übrigen Mädchen pflichteten ihnen bei.

Ich sagte damals nichts. So selbstbewusst ich mich sonst fühlte, hier waren keine Worte da. Es war nicht das erste Mal, die ich rassistisch beleidigt wurde. Im Kindergarten hatte ein Kind einmal zu mir gesagt, meine Hautfarbe sähe aus wie Kacke. Aber die Beleidigung durch diese Mädchen hatte für mich eine andere Tragweite, sie zielte darauf, mich auszuschließen, mir etwas zu nehmen.

Später fiel mir alles Mögliche ein, was ich hätte sagen können: zum Beispiel, dass ich sicher besser getanzt und gesungen hatte als diese Mädchen, denn sonst hätte ich die Rolle wohl nicht bekommen. Aber da war ein lähmendes Gefühl von Anderssein in mein Leben gekommen: Es waren Bewertungen, die nichts mit mir selbst zu tun hatten und zugleich ausgesprochen wurden, als wären sie eine Tatsache, die Wahrheit. Den Mädchen damals war sicher nicht bewusst, welche Bedeutung ihre wenigen Sätze für mich – als Schwarzes Mädchen – hatten. Aber eine echte Tatsache ist: Solche Zuschreibungen nehmen einem Kraft und Raum und sollen genau das bezwecken.

Ich hatte – und habe – glücklicherweise viele Freund*innen. Mein Lauftalent hat mir in manchen Situationen geholfen, Anschluss zu finden. Ein Beispiel: Während meiner Gymnasialzeit wechselte ich die Schule, da die Leitung der neuen Schule einverstanden war, dass ich, wenn ich an Trainingslagern teilnahm, manchmal ein paar Tage fehlte. Mein erster Tag am neuen Gymnasium begann mit einer Doppelstunde Sport, es wurde Basketball gespielt – in gemischten Teams. Den Jungen fiel reihenweise die Kinnlade runter, weil ich ihnen so schnell den Ball abnahm und damit zum Korb rannte. In der Pause riefen sie mir dann schon von weitem zu, ob ich nicht bei ihnen sitzen wolle. Mein Talent verschaffte mir Respekt, und so gehörte ich immer schnell dazu.

Trotzdem ist es mir wichtig, von diesem Moment hinter der Bühne bei den Musical-Proben zu erzählen. Es war nicht das letzte Mal, dass ich Alltagsrassismus erlebte. Weil es eben so wahnsinnig viele kleine Momente von Alltagsrassismus gibt, die Schwarze Kinder, Mädchen, Frauen erleben. Es sind nicht immer gleich Extreme wie die rassistischen Übergriffe, die in den Medien gezeigt werden. Das ist nur die Spitze des Eisbergs, der nach unten hin breit wird und aus vielen vermeintlich unbedeutenden Sätzen besteht wie: «Du kannst nicht die Prinzessin sein, denn die sieht nun mal anders aus als du.»

Sätze wie dieser kriechen schleichend ins Leben. Oft ohne Auseinandersetzung und ohne eine Korrektur durch die weiße Mehrheitsgesellschaft, die einen umgibt. Die Sätze kommen und bleiben. Manche setzen sich für lange Zeit im Inneren fest und breiten sich aus. Das kann krank machen. Die Gefahr ist, dass man den Rassismus, der einen trifft, verinnerlicht. Deshalb darf man diese Sätze nicht übergehen, nicht als Kleinigkeit am Rande abtun.

Mit meiner Mutter konnte ich über Verletzungen wie diese immer sprechen. Sie redete mir zu: Ich dürfe nicht glauben, ich sei anstrengend oder kompliziert, wenn ich andere darauf hinweise, dass ihre Bemerkungen rassistisch sind. Sich nicht zu wehren sei keine Lösung. Meine Gefühle, der Ärger und die Frustration seien legitim. Meine Mutter half mir, mich mit kulturellen Zuschreibungen und Erwartungen an Mädchen und Frauen auseinanderzusetzen und eben auch damit, wie ich als Schwarzes Mädchen behandelt wurde.

Allein das Bewusstsein davon, dass ich nicht die Einzige war, die Diskriminierung erlebte und ihren Umgang damit finden musste, half mir. Das heißt nicht, dass diese Erfahrungen weniger schmerzhaft oder ärgerlich gewesen wären, aber wichtig war für mich: Es gab auch andere Mädchen und Frauen, die diese Ungerechtigkeit erfuhren und nicht nur schweigend hinnahmen.

Und immer wieder half der Sport. Die Mutter einer guten Freundin regte an, ob ich nicht wie ihre Tochter Basketball spielen wolle. Mannschaftssport machte mir grundsätzlich Spaß, also sagte ich spontan zu. Anfangs war das Training noch eher auf Spaß ausgelegt, aber schon nach zwei Monaten ging es darum, diejenigen auszuwählen, die in der Leistungsmannschaft spielen würden. Ich kam dann direkt in die beste Mannschaft. Vier Jahre lang blieb ich bei dem Verein, der heute SG Bergische Löwen heißt und damals der TV Bensberg war. Unser Team wurde Westdeutscher Meister, wir traten bei den Deutschen Meisterschaften an. Der Sport rückte in meinem Leben an die erste Stelle.

Kurz darauf meldete ich mich zum ersten Mal für ein Trainingscamp an der Kölner Sporthochschule an. Am letzten Tag des zweiwöchigen Camps fragte mich der Trainer, ob ich Interesse an Leichtathletik als Profisport hätte. Ich beriet ich mich mit meinen Eltern. Beides, Basketball und Leichtathletik, zu machen wäre neben der Schule zu zeitaufwendig gewesen. «Das ist deine Entscheidung», sagten sie. Sosehr ich den Mannschaftssport mochte, entschloss ich mich doch zu wechseln. Ich rechnete mir in der Leichtathletik die besseren Chancen aus, und ja, ich war sicher schon damals sehr zielstrebig. Ich wollte unbedingt gut sein.

In der Schule unterschied ich mich damit schon deutlich von meinen Freund*innen und Mitschüler*innen. Den Satz «Du bist ja kein richtiges Mädchen» hörte ich öfter. Ich gewöhnte mir an, die anderen damit aufzuziehen, was denn eigentlich ein *richtiges* Mädchen sei. Was für einen Unsinn sie da erzählten! Heute kann ich jedem Mädchen und jeder Frau, die so etwas hört, nur sagen: Es gibt nicht den einen Typ Mädchen, den einen Typ Frau. Sondern nur Mädchen und Frauen. So wie es nicht nur einen Typ von Schönheit gibt – sondern nur Schönheiten. Es macht einen ja auch interessanter, wenn man nicht der Norm entspricht.

Der Sport war und ist mein Ausgleich. Natürlich ist das Training oft hart. Aber viel mehr zählt, wie glücklich es macht, wenn man einen guten Lauf schafft. Es werden jede Menge Endorphine ausgeschüttet, ein tolles Hochgefühl. Ich wünschte, jede Frau würde das einmal erleben – danach hat man gar kein Interesse mehr, darüber nachzudenken, was ein vermeintlich *richtiges* Mädchen ausmacht.

Für meine Leistung in der Leichtathletik musste ich trotz Talent natürlich hart arbeiten. Meine Disziplin sind die 400-Meter-Hürden, unter Sportler*innen nicht unbedingt beliebt. Der 400-Meter-Langsprint erfordert viel Durchhaltevermögen, die zehn Hürden auf der Strecke außerdem eine sehr gute Koordination. Mit der Entscheidung für diese Disziplin kam ich ganz in meinem Sport an. Ich trainierte fortan bei dem Verein TuS Köln Rechtsrheinisch, oft mit fünf Trainingseinheiten pro Woche und intensiven Phasen in Trainingscamps. Und noch ein letzter Satz zum Thema *richtige* Mädchen: Ich trainiere noch immer gerne mit Männern, die durch ihre körperliche Konstitution zu anderen Leistungen fähig sind – daraus entsteht ein anderer Wettkampf. Das war für mich immer ein Ansporn, einen Schritt weiter zu kommen und bessere Zeiten zu schaffen. Wenn man die anderen abgehängt hat und vorneweg alleine läuft, ist man weniger gefordert, als wenn man merkt, dass es eng wird und man wirklich alles aus sich herausholen muss, um als Erste ins Ziel zu kommen.

Mit der Entscheidung für den Profisport fing ich auch an, mich grundsätzlich mehr mit Schwarzen Athletinnen und ihren Biographien zu beschäftigen. Und so komme ich zu zwei weiteren Frauen meines Lebens: der Leichtathletin Allyson Felix und der Tennisspielerin Serena Williams.

Beide sind außergewöhnliche Sportlerinnen. Schon deshalb bewundere ich sie: für ihr Talent, ihren Willen, ihre Durchsetzungskraft. Aber besonders auch dafür, dass sie all das nicht nur für sich selbst einsetzen, sondern ihre Reichweite nutzen, um Themen in die Öffentlichkeit zu rücken, die Schwarze Frauen im Sport betreffen und Frauen ganz grundsätzlich.

Ein Beispiel: Frauen erhalten im Sport weniger Anerkennung als Männer, was mit Geschlechterrollen, gesellschaftlichen Erwartungen und dem strukturellen Problem zu tun hat, dass Wettbewerb als männlich angesehen wird.

Oder: wie Medien Männer im Sport bildlich zeigen – im Unterschied dazu, wie Frauen meistens gezeigt werden. Männer sieht man auf Fotos und in Filmen dynamisch, hochgespannt in den Startblöcken oder in Siegerpose beim Einlauf ins Ziel. Bei Frauen wird dagegen viel häufiger nur der Oberkörper gezeigt. Ein Problem, das dank Serena Williams heute viel stärker wahrgenommen wird, ist das Bild der «Angry Black Woman», das Schwarze Frauen stigmatisiert.

Serena Williams wurde in einer Disziplin, die so wenig divers ist wie kaum eine andere, zu einer der besten Spielerinnen aller Zeiten. Ihre Hautfarbe und ihr Geschlecht, sagt sie, waren für sie immer wieder ein Nachteil. Ich bewundere sie, weil sie öffentlich Haltung zeigt, Diskriminierung anprangert. Ob auf oder neben dem Tennisplatz.

Besonders beeindruckt hat mich, wie sie 2018 während der US Open den Schiedsrichter des Sexismus beschuldigte. Ihr war ein Punkt abgezogen worden, weil sie aus Frust ihren Tennisschläger auf den Boden geworfen und beschädigt hatte. Ich selbst fand diesen Wutausbruch unsportlich und falsch. Wofür ich aber Verständnis habe und solidarisch mit ihr empfinde: Serena Williams kritisierte, dass Männer in einer solchen Situation nicht so diszipliniert wurden wie sie als Frau. Diese Doppelmoral sollte es im Jahr 2018 einfach nicht mehr geben.

Serena Williams nutzt ihre Stimme, um Frauen und People of Color zu zeigen, dass man sich nicht als zickig, unprofessionell, schwierig oder laut stigmatisieren lassen sollte, wenn man ungleiche Maßstäbe kritisiert. Gerade die Auseinandersetzung mit Wut finde ich wichtig, denn sie steht ja immer auch für etwas anderes: die Ungerechtigkeit, durch die sie ausgelöst wird. Wut gilt als Männersache. Dabei gibt es für Frauen unzählige Gründe, wütend zu sein. Wut entsteht aus Unbehagen, aus Schmerz, manchmal aus Angst. Mir geht es nicht darum, Wut zu fördern, sondern darauf hinzuweisen, dass sie oft berechtigt ist, weil sie auf rassistische Stigmatisierung und Diskriminierung zurückgeht. Frauen aber werden von der Gesellschaft belohnt, wenn sie lächeln, wenn sie sanft sind. Wenn sie schön sind. So ist es zumindest meistens. Dabei empfinden Frauen genauso oft Wut wie Männer. Sie schlucken sie nur öfter hinunter, weil sie dafür in der Regel keine Anerkennung bekommen.

Dass mir die Auseinandersetzung mit der seelischen und körperlichen Gesundheit von Frauen wichtig ist, liegt auch an eigenen Erfahrungen. Im Jahr 2013 erlebte ich einen großen Rückschlag, weil meine Zeiten gemessen am damaligen Trainingsaufwand nicht mehr gut genug waren. Ich spürte, dass etwas nicht stimmte. Zudem wurde mir oft übel, und ich musste mich übergeben, und das nicht nur nach größter Anstrengung, sondern auch, wenn ich nicht bis an mein Limit gegangen war. Mein damaliger Trainer kam zu dem Schluss: eine Kopfsache. Ich würde mir zu viel Druck machen. Ich empfand das als Unsinn. Denn ich arbeite gerne unter Druck. Mir wurde vermittelt, ich sei kompliziert, würde mir die Probleme selbst machen. Ich hielt das für eine bloße Zuschreibung nach dem Motto «typisch Frau».

Trotzdem hörte ich damals auf zu trainieren, betrat keine Tartanbahn mehr und wandte mich für etwa ein Jahr vom Leistungssport ab. Das war ein großer Einschnitt, verbunden mit einer unglaublichen Frustration, weil ich so viel trainiert hatte und keine Leistungssteigerung erreichte. Ich hatte im Studium viel zu tun, aber ganz konnte ich mich innerlich doch nicht vom Sport verabschieden. Zu gerne wäre ich die 400-Meter-Hürden-Strecke unter sechzig Sekunden gelaufen.

Schließlich lernte ich meinen heutigen Trainer kennen, Sven Timmermann. Er empfahl mir einen Heilpraktiker. Eine Untersuchung ergab schließlich, dass ich unter einer Lebensmittelunverträglichkeit litt. Ich stellte meine Ernährung um, verzichtete auf Gluten und Milchprodukte. Und ich begann wieder zu trainieren.

Es funktionierte. 2015 nahm ich das erste Mal wieder an der Wettkampfsaison teil; ich lief auf 400-Meter-Hürden plötzlich zwei Sekunden schneller. 2017 holte ich den Deutscher-Meister-Titel.

Natürlich wollte ich weitertrainieren. Aber das Fördersystem im Sport hat seine Tücken, wenn man eine Zeitlang pausiert, fällt man aus manchen Programmen heraus. So erging es mir. Also berechnete ich, wie viel Geld ich benötigen würde, wenn ich die Trainingscamps selbst bezahlte, um gut vorbereitet in die Wettkampfsaison 2018 starten zu können. Ich kam auf sechstausend Euro. Zu viel, um es neben dem Studium zu verdienen. Eine Weile überlegte ich hin und her, dann kam ich auf die Idee, es mit Hilfe von Crowdfunding zu versuchen.

Der Bruder einer Freundin half mir, einen Videoaufruf zu konzipieren und zu produzieren. In diesem Video stellte ich mich und mein Ziel vor. Es gab unerwartet viele Rückmeldungen – und vor allem großartige, ja, sehr großzügige. Menschen, die ich gar nicht kannte, gaben Geld für mein Training. Ehemalige Schulkameraden spendeten, Eltern aus der Nachbarschaft, in der ich aufgewachsen war. Es kam letztlich mehr zusammen, als ich mir erhofft hatte. So konnte ich an den mir wichtigen Camps teilnehmen, verbesserte mich stetig.

Durch die Pandemie hat sich leider auch im Sport und in den Wettkampfzyklen einiges verändert. Viele Wettbewerbe wurden verschoben. Aber glücklicherweise konnte ich über einige Monate immer wieder trainieren.

Heute laufe ich die 400-Meter-Hürden in 56,5 Sekunden.

ANIKA DECKER

«DIE ZWÖLF-MILLIONEN-FRAU»: So titelte die «Frankfurter Allgemeine Sonntagszeitung», als sie über die Erfolge der Drehbuchautorin Anika Decker berichtete. Dazu zählen die Skripte für einige der erfolgreichsten deutschen Kinofilme der vergangenen Jahrzehnte, darunter «Keinohrhasen» und «Zweiohrküken» mit Til Schweiger und «Rubbeldiekatz» mit Matthias Schweighöfer und Alexandra Maria Lara in den Hauptrollen. Addiert man die Zuschauerzahlen dieser drei Komödien, kommt man auf besagte zwölf Millionen.

Den nächsten Schritt ging Anika Decker, als sie 2015 mit «Traumfrauen» ihr Regiedebüt gab: eine Liebeskomödie, von ihr geschrieben, in der Iris Berben, Karoline Herfurth und Palina Rojinski mitspielten. Ebenfalls nach ihrem Drehbuch und unter ihrer Regie folgte 2017 der Film «High Society», koproduziert von der Produktionsfirma Decker Bros., die Anika Decker gemeinsam mit ihrem Bruder gegründet hat. Im Frühjahr 2021 drehte sie – während der Pandemie, unter zahlreichen Auflagen – mit Elyas M'Barek in der Hauptrolle die Komödie «Liebesding».

Anika Decker wurde 1975 in Marburg geboren. Sie studierte in München Literatur- und Theaterwissenschaften, brach das Studium nach einigen Semestern ab und begann in Köln eine Ausbildung zur Producerin. Ihr erstes Drehbuch verkaufte sie bereits kurz nach ihrem Abschluss. Schnell machte sie sich als Autorin und Regisseurin mit außergewöhnlichem Talent einen Namen.

Signalwirkung für die ganze Filmbranche hatte ihre Klage gegen Til Schweigers Produktionsfirma Barefoot und Warner Bros.: Anika Decker verlangte Auskunft über die Umsätze, die mit den Filmen «Keinohrhasen» und «Zweiohrküken» gemacht wurden, und eine angemessene Beteiligung daran. In erster Instanz gab das Landgericht Berlin der Auskunftsklage statt, da das Urheberrecht bei überdurchschnittlichem Erfolg der Produktionen eine weitere Beteiligung über das ursprünglich als angemessen betrachtete Honorar hinaus vorsehe und hier klare Anhaltspunkte dafür vorlägen. Gegen dieses Urteil legten Warner Bros. und Barefoot Ende des Jahres 2020 Berufung ein.

Von Mut zeugt Anika Deckers Klage, da sie im Licht der Öffentlichkeit auf ihr Recht besteht und in einer Phase großer Erfolge nicht das persönliche und berufliche Risiko scheut zu hinterfragen, wie die Filmbranche funktioniert. Anika Decker begründete ihre Entscheidung zu klagen damit, dass sie realisiert habe, nichts über die weitergehende Verwertung der Filme und die Umsätze von Barefoot und Warner Bros. zu wissen. Ihr sei klargeworden, dass das System hat – sie kenne keine Drehbuchautor*innen, die ihr sagen könnten, wie viel Geld zwischen den Firmen, die an einem Film beteiligt sind, geflossen sei.

Viele Drehbuchautor*innen und auch der Verband Deutscher Drehbuchautoren erklärten Anika Decker ihre Solidarität. Bereits 2018 hatten Autor*innen in einem Manifest unter dem Titel «Kontrakt 18» mehr Transparenz seitens der Produktionsfirmen gefordert und mehr Wertschätzung für ihre Arbeit, die sich nicht nur im Honorar, sondern auch in einer Zusammenarbeit auf Augenhöhe zeige.

Anika Decker gilt vielen als Symbolfigur für ein neues Selbstverständnis und Selbstbewusstsein in der Filmbranche. Da es sich um ein noch laufendes Verfahren handelt, spricht sie selbst nicht darüber.

Die Frauen meiner Familie, meine Freundinnen – und wie Humor Leben retten kann

Geschichten gut erzählen zu können – genauer: sie *lustig* erzählen zu können – war sicher schon früh in mir angelegt. Das Gefühl dafür, wann eine Pointe richtig sitzt, habe ich mir eher beiläufig angeeignet. Meine Familie ist groß und weit verzweigt, und man trifft sich gerne. Bei Familienfeiern wird viel gelacht – ein großartiges Durcheinander von Begegnungen und Gesprächen. Zu den größten Liebesbeweisen zählt in meiner Familie, sich gegenseitig aufzuziehen. Wir lieben uns sehr.

Wenn eine Geschichte allerdings Längen hat, kann es passieren, dass die Hälfte der Verwandtschaft aufsteht, um sich einen Kaffee zu holen. Gnadenlos. So merkt man schnell, wenn der Funke nicht überspringt – wenn ein Gag nicht funktioniert.

Meine Mutter, meine beiden Großmütter, einige meiner Tanten … Es gibt in meiner Familie viele meinungsstarke, laute, sture, wunderbare, emanzipierte Frauen. Als Kind nahm ich diese Lebenshaltung nicht bewusst wahr. Sie war einfach da. Umgab mich. Eine Selbstverständlichkeit. Aber ich habe viele Eindrücke aus dem Familienalltag mitgenommen, das Gefühl, das mir vermittelt wurde – und danach habe ich mein Leben ausgerichtet.

Vielleicht ist es mir deshalb so wichtig, Bilder zu schaffen, die etwas weitertragen: eine bestimmte Art von Humor. Eine weibliche Perspektive. Weibliche Figuren, die zeigen, wie unterschiedlich Frauen sein können. Ich will deutlich machen, dass Liebesfilme und Komödien genauso viel Wert haben wie ein Drama. Das eine ist nicht leichter oder schwerer zu schreiben als das andere. Natürlich sind mir auch männliche Figuren wichtig, aber das ist nicht mein Punkt. Sondern vielmehr, dass wir als Zuschauer, als Gesellschaft, nun mal sehr an einen bestimmten Filter gewöhnt sind, durch den wir auf Filme blicken. Das hat damit zu tun, dass vor allem weiße ältere Männer Filme machen – und zugleich die Kriterien vorgeben, nach denen entschieden wird, welche Filme gemacht werden, welche ernst genommen werden und welche nicht.

Jeder kennt doch diese Listen: «Die zehn besten Filme aller Zeiten», «Filme, die man im Leben gesehen haben muss» ... Diese Aufzählung ließe sich leicht fortsetzen. Zweifelsohne findet man dort große Epen – vor allem aber Mafia-, Gangster- und Kriegsgeschichten, Dramen. Ab und zu vielleicht auch mal ein Film wie Billy Wilders «Manche mögen's heiß». Aber damit ist das Genre Komödie oft schon abgehakt. Und es stellt sich die Frage: Warum sollte ein Liebesfilm weniger sehenswert sein, weniger Wert haben als ein Drama? Zu gefühlig? Frauensache?!

Natürlich, heute gibt es mehr Filmemacherinnen als zuvor. Auch erfolgreiche Filmemacherinnen. Aber erstaunlichen Widerständen begegnet man in unserer angeblich gleichberechtigten Welt immer noch. Genauso wie Vorurteilen, was bestimmte Genres angeht.

Von den Frauen in meiner Familie habe ich gelernt, die Grenzen zu hinterfragen, die einem von anderen gesetzt werden. Unabhängigkeit war immer wichtig, Eigenständigkeit nicht weniger. Ich bin auch das Kind meines Vaters – er hat diese Haltung in mir ebenso gestärkt. Beeindruckt haben mich die Geschichten meiner Großmütter: Sie waren beide auf ihre Art sehr stark. Eine hatte nach dem Krieg drei Kinder und keinen Mann mehr. Sie arbeitete, alle Verantwortung lag bei ihr. Die Lebenssituation der anderen Großmutter unterschied sich davon kaum. Sie zog fünf Kinder groß, führte gleichberechtigt mit meinem Großvater ein kleines Lebensmittelgeschäft. Er war in jungen Jahren an Kinderlähmung erkrankt und körperlich etwas eingeschränkt.

Ich fühlte mich schon als Kind angezogen von unangepassten Frauen. Unvergesslich ist mir eine meiner Großtanten, die nur indische Saris trug, Zigarillo rauchte und mir – ich muss damals sieben oder acht gewesen sein – Ratschläge gab wie: «Pass mal auf. Es ist nicht so wichtig, dass man sich immer wie eine Dame verhält. Die anderen müssen nur denken, man würde sich so verhalten.»

Aufgewachsen bin ich in Marburg und in Stadtallendorf. Ich habe mich allerdings schon früh nach einer größeren Stadt gesehnt: nach mehr Leben, mehr Vielfalt. Dass es für ein Kind das Beste sei, auf dem Land, in einer überschaubaren Welt aufzuwachsen, wie es die gängige Meinung ist, traf in meinem Fall nicht zu. Ich weiß noch, wie sehr es mich in Gedanken wegzog. Kinder, die in Berlin aufwachsen, können jeden Abend in eines der zahlreichen Theater gehen. Es gibt so viel Kultur, ganz unterschiedliche Impulse. Und alles in greifbarer Nähe. Wer sich für das Filmgeschäft interessiert, ist umgeben von Möglichkeiten. Ich musste mir den Weg dorthin hart erarbeiten.

Als Teenager begeisterten mich Frauen wie Toni Morrison, Cyndi Lauper und Kate Bush. Zugleich war ich fasziniert von Madonna: wie zügellos und befreit sie sich gab! Sie nahm sich den Raum, um eine selbstbestimmte Form weiblicher Sexualität zu zeigen, was lange nur Männern vorbehalten war. Ein vollkommen neues Selbstverständnis und eine neue Art, als Frau die eigene Kreativität auszuleben.

Etwas später kam in meinem Bild von diesen Frauen dazu, wie sehr sie ihr künstlerisches Werk ganz grundsätzlich selbst lenkten. Bei Madonna ist das ja gemeinhin bekannt. Kate Bush war neunzehn Jahre alt, als ihr Debütalbum erschien. Sie bestand darauf, dass der von ihr selbst geschriebene Song «Wuthering Heights» die erste Single-Auskopplung wurde. Ihr war wichtig, nicht nur als Sängerin und Performerin, sondern auch als Künstlerin anerkannt zu werden. Ihr Album «Never for Ever» produzierte sie 1980 selbst. Zu dem Zeitpunkt war sie gerade mal zweiundzwanzig Jahre alt. Und schrieb Geschichte: Das Album erreichte die Spitze der britischen Charts. Es war das erste Mal, dass das einer Frau mit selbstgeschriebenen Songs gelang.

Lebenswege von Frauen, die sich nicht anpassten, interessierten mich mehr und mehr. Ich fing an, «Emma» zu lesen, mich mit Alice Schwarzers Biographie zu beschäftigen und natürlich damit, wie Frauen sich für Gleichstellung engagierten. An meiner Schule gab es eine Deutsch- und eine Theaterlehrerin, mit denen ich mich gerne darüber unterhielt. Die Deutschlehrerin saß in der Pause oft draußen und rauchte. Manchmal habe ich mir eine Zigarette von ihr geschnorrt. Im Rückblick denke ich: Obwohl ich gefühlt hundert Jahre Lateinunterricht durchzustehen hatte, bin ich heute sehr dankbar für diese Zeit. Ich hatte Lehrer, die sich wirklich für ihre Schüler interessierten.

Ich besuchte damals die Stiftsschule St. Johann, eine katholische Privatschule, humanistisch orientiert. Ich bin nicht katholisch, aber meine Eltern wählten diese Schule aus, da sie als die beste in unserer Umgebung galt. Es wurde offen diskutiert, und man spürte, dass die Lehrer uns unterstützen wollten. Die Regeln aber waren strikt: Für Knutschen auf dem Schulhof gab es Ermahnungen, für kurze Röcke auch. Völlig klar, dass man erfinderisch werden musste, um Regeln zu umgehen. Und natürlich hatte das dann jede Menge Komik.

Die Nachmittage in Grundschulzeiten verbrachte ich häufig mit meinen Freundinnen. Wir hatten einen ausgeklügelten Zeitplan, um uns über den Tag verteilt gegenseitig zu besuchen und zusammen fernzusehen. Im Rudel wechselten wir die Behausungen und hofften, dass unsere Eltern nie die Fernsehzeiten zusammenrechneten. Wir schauten uns alles an, was ging – genauer: was eben lief. Nie hätte ich gedacht, dass ich darauf mal meine Karriere begründen würde. Aber als ich Jahre später in Köln meine Producer-Ausbildung machte und die ersten Drehbücher schrieb, ging mir öfter durch den Kopf: Die vielen Bilder, Eindrücke, die Stunden vorm Fernseher – sie waren doch für etwas gut.

Gute Freundinnen haben in meinem Leben immer viel Platz eingenommen. Sich nicht nur mit seinen Stärken, sondern auch mit seinen Unsicherheiten zeigen zu können finde ich wichtig. Dass man auch mal sagt: Es läuft bei mir gerade gar nicht im Job. Irgendwie stecke ich in einer Sackgasse, und ich weiß noch nicht so recht, wie ich herausfinde. Wenn jemand immer nur seine besten Seiten zeigen will, wird daraus keine Freundschaft.

Es gab mal, das liegt schon eine ganze Weile zurück, einen guten Moment im Gespräch mit einer Frau, die heute eine enge Freundin von mir ist. Wir saßen zusammen, ich erzählte ihr von irgendeiner mittelmäßig laufenden Beziehung und merkte wohl gar nicht, wie viele Sätze ich mit dem Wort «normalerweise» anfing: «Normalerweise ist es so ...» – «Normalerweise läuft es besser ...» Irgendwann sagte sie zu mir: «Normal – ist für mich eigentlich gar nichts.» Was für ein guter Satz! Wer legt schon fest, was «normal» ist?

Da sind wir wieder bei den Grenzen, dem Rahmen, der oft als gesetzt gilt – und den es sich lohnt zu hinterfragen. Gelernt habe ich, dass man sich seinen Weg erkämpfen muss – gerade wenn man, wie ich, von zu Hause eine emanzipierte Haltung mitgenommen hat. Es gibt im Filmgeschäft viele Widerstände. Als Frau wird man oft unterschätzt. Auch heute noch erlebe ich öfter, dass Leute, die ans Set kommen, mich fragen, wo denn der Regisseur sei. Dann zeige ich gerne auf irgendeinen Mann aus meiner Crew und sage: «Der da.» Das sind Momente, über die man sich später amüsieren kann.

Aber im Ernst, ich habe als junge Autorin auch ganz andere Situationen erlebt: sogenannte gütige ältere Mentoren, die einem anbieten zusammenzuarbeiten – und unterm Tisch die Hand aufs Bein legen. Wie oft ich solche Geschichten auch von meinen Freundinnen gehört habe, die im Filmgeschäft sind. Man sollte sie viel mehr verbreiten.

Genauso sollte man viel mehr darüber sprechen, wie das Geld in der Branche verteilt wird. Dazu ein kleiner

Exkurs: Es gibt Statistiken, die zeigen, wie hoch der Frauenanteil im Filmgeschäft ist. Also zum Beispiel: wie viele Regisseurinnen ihre Projekte umsetzen. Wie viele Autorinnen an Filmprojekten beteiligt sind. Interessant sind aber auch die Budgets: Wie viele Frauen in Deutschland machen Filme mit Millionenbudgets? Jetzt verändert sich das Bild schnell, man sieht beinahe nur noch Männer. Frauen kommen eben nicht auf allen Ebenen weiter. Dabei gäbe es sicher genug Interesse von Filmemacherinnen.

Ich empfinde es bei allem Druck, den ein großes Projekt mit Millionenbudget natürlich mit sich bringt, zugleich als unglaublich erleichternd, Entscheidungen selbst treffen zu können. Früher habe ich nachts öfter wach gelegen und gedacht: Hoffentlich besetzt der Regisseur diese oder jene Schauspielerin. Oder: Hoffentlich streicht er diesen oder jenen Satz nicht raus. Denn das ist in Deutschland möglich, anders als zum Beispiel in Frankreich. Der Regisseur kann sich am Set entscheiden, Teile des Drehbuchs wegzulassen. Das zu erleben war für mich schmerzhaft, denn jeder Satz im Drehbuch ist ja mit einer bestimmten Intention geschrieben.

Bei meinem neuesten Film habe ich dieses erleichternde Gefühl, selbst entscheiden zu können, besonders intensiv gespürt. Ich habe Stand-up-Comedy geschrieben, mich mit Geschlechteridentität und Transgender beschäftigt und allgemein mit der Liebe und wie sie unsere Gesellschaft beeinflusst. Themen, die mich rasend interessieren. Selbst die Schauspieler für den Film aussuchen zu können und später im Schneideraum mitzubestimmen, wie er geschnitten wird, bedeutet für mich auch, sich als Filmemacherin weiterzuentwickeln. Aber um auch das zu betonen: Es gibt im besten Fall natürlich eine Zusammenarbeit zwischen Drehbuchautor*in und Regisseur*in als gleichrangige Partner – wie bei Billy Wilder, der eng mit seinen Autoren zusammengearbeitet und großartige Filme gemacht hat. Das setzt voraus, dass man sich gegenseitig respektiert und Raum gibt.

Für mich war der Weg zur Regisseurin auch mit vielen Unsicherheiten verbunden. Ich habe mich lange Zeit automatisch immer nur in der zweiten Reihe gesehen. Erst nach und nach habe ich mir sozusagen selbst geglaubt, dass bestimmte Schritte geschafft und bestimmte Levels erreicht sind. Diese Unsicherheit, die ich noch heute manchmal spüre, hat aber auch etwas Positives. Sie führt dazu, dass ich offen bleibe, anderen Raum gebe, statt großkotzig zu sagen: Das hier ist meine Vision, und genau so und nicht anders wird es gemacht. Natürlich muss es Momente geben, in denen ich klar eine Richtung vorgebe. Das ist mein Job, und ich empfände es als unprofessionell, mich vor hundertfünfzig Leute am Set hinzustellen und meine Unsicherheiten zu thematisieren. Man muss schon ein Gefühl dafür haben, wann es wichtig ist, sich zusammenzureißen. Aber wenn ein Schauspieler etwas Tolles macht, das aber ganz anders ist als das, was ich mir vorgestellt habe, bin ich offen dafür. Ohne jede Unsicherheit wäre das nicht möglich.

Es ist ein Glück, mit großartigen Menschen wie Iris Berben oder Maren Kroymann zusammenzuarbeiten. Beide haben als Schauspielerinnen Berge versetzt in Zeiten, in denen es für Frauen noch schwieriger war als heute. Sie sind unangepasst. Frei. Haben beide eine unglaubliche Energie, die sie mit anderen teilen. Unser Austausch über Fragen wie «Wo stehe ich?», «Welche Entscheidungen auf dem eigenen Weg waren richtig, welche falsch?», «Was hat mich hierhergebracht?» ist für mich unglaublich bereichernd: einfach offen miteinander sprechen zu können. So wertvoll es für mich grundsätzlich ist, mit Kollegen zu sprechen, ist die weibliche Perspektive doch oft besonders wichtig und bestärkend, weil Frauen in der Filmbranche nun mal häufig anders dastehen als Männer. Das System ist nicht von ihnen gemacht.

Und noch einmal zurück zum Humor, der immer wirkt. Natürlich bin ich manchmal niedergeschlagen oder traurig, aber mir drängt sich doch immer schnell dieser eine absurde Punkt auf, der die Sache auch komisch erscheinen lässt. Ich kann diesen Punkt in Momenten finden, in denen ich hadere, mich schwach fühle.

Das gilt auch für sehr schwierige, existenzielle Situationen. Es war Heiligabend 2010, als ich mit einem Mal starke Schmerzen spürte: Später, zu spät, erfuhr ich, dass ich einen entzündeten Nierenstein hatte. An dem Abend aber wurde das von den Ärzten in der unterbesetzten Notaufnahme nicht erkannt. Die Folge war eine Blutvergiftung mit Organversagen und allem Drum und Dran.

Ich lag länger im Koma. Es war ein Wunder, dass ich überlebt habe. Danach musste ich mühsam wieder laufen lernen. Heute weiß ich, dass es auch mein Humor war, der mich gerettet hat. Wie ich auf Diagnosen reagierte, wie ich in Augenblicken, die wirklich düster erschienen, auch etwas Absurdes, Lustiges erkennen konnte. Das hilft, zum Leben zurückzufinden. Heute bin ich gesund.

Über manche Dinge, die mich früher beschäftigt haben, das Älterwerden zum Beispiel, mache ich mir heute keine Gedanken mehr. Ich bin einfach sehr froh, dass ich älter werde.

JANINA KUGEL

JANINA KUGEL wurde 1970 in Stuttgart geboren. Nach dem Volkswirtschaftsstudium in Mainz und Verona arbeitete sie für die Unternehmensberatung Accenture, wechselte dann zur Siemens AG – und wurde dort bald Personalleiterin in Italien. Nach weiteren Etappen, unter anderem bei Osram, wurde Janina Kugel 2015 Personalvorständin der Siemens AG und wechselte als bis dahin jüngstes Mitglied in den Vorstand. 2018 wählte sie das «Manager Magazin» als Prima inter pares zu den hundert einflussreichsten Frauen in der deutschen Wirtschaft und bezeichnete sie als «Popstar im Siemens-Management».

Heute arbeitet Janina Kugel als Senior Advisorin bei der Boston Consulting Group und bei EQT, zudem ist sie Mitglied in mehreren Aufsichtsräten.

Zum Thema Kinder und Karriere sagt sie: Geht schon, ist halt sauanstrengend. Und über sich selbst: Ich war immer ehrgeizig, aber das Leben soll auch Spaß machen.

Meine Freundinnen – und das Prinzip «If you can see her, you can be her»

Vor einiger Zeit habe ich ein Buch geschrieben, in dem ich unter anderem von meinem Weg als Managerin erzähle, von persönlichen Erfahrungen und Erkenntnissen – etwa darüber, wie wir uns in Unternehmen von starren Strukturen und alles überwachenden, autokratischen Chefs verabschieden können. Und warum wir das auch sollten.

Als das Manuskript fertig war, fragte mich mein Lektor: «Frau Kugel, kann es wirklich sein, dass Sie immer nur männliche Vorgesetzte hatten?» Gute Frage. Ich ging in Gedanken all meine beruflichen Stationen durch: in der Unternehmensberatung, dann in der Siemens AG. Erst nach einigem Überlegen fiel mir eine Frau ein. Sie war aber nur für kurze Zeit, weniger als ein Jahr, meine Chefin. Ansonsten: nur Männer. Bezeichnende Antwort.

Meine Erfahrungen im Beruf, in der Wirtschaft, den sozialen Räumen, in denen ich mich dort seit vielen Jahren bewege, sind tatsächlich stark von der Zusammenarbeit mit Männern bestimmt.

Nicht aber mein Leben, in dem es einen Kreis von Freundinnen gibt, der mich schon lange begleitet. Der Dialog, unser Austausch über Lebens- und Berufserfahrungen, hat mich über all die Jahre, die wir uns kennen, geprägt und bereichert. Und gerade weil wir so viele Lebensphasen gemeinsam durchlebt haben, kam in unseren Gesprächen immer wieder eine Frage auf, bis heute: Wartet man darauf, dass die Welt sich verändert? Oder versucht man, sie selbst zu verändern?

Wir teilen einen Schatz an Erlebnissen und Erinnerungen, der unser Bewusstsein für manche Themen schärft, voller Geschichten, die uns zum Lachen und zum Weinen bringen und in manchen Momenten, in denen es notwendig ist, auch trösten. Wer kennt einen schon so gut wie die engsten Freundinnen? Mit Ausnahme der eigenen Familie vielleicht.

Eine meiner Freundinnen kenne ich seit meiner Schulzeit in Stuttgart. Die anderen lernte ich während des Studiums in Mainz und Verona kennen. Nie wieder kommt im Leben eine Phase, in der man so viel Zeit gemeinsam verbringt. Man trifft sich morgens in der Vorlesung, geht mittags zusammen in die Mensa, sitzt nachmittags nebeneinander in der Bibliothek, geht abends auf dieselbe Party – und vielleicht wohnt man sogar noch Tür an Tür in einer Wohngemeinschaft. Eine Phase, in der man das Leben aufsaugt wie ein Schwamm und sich selbst kennenlernt. Wer will ich sein? Was will ich mit meinem Leben machen? Und vor allem: Wer kann ich sein?

Die meisten Lebenserfahrungen habe ich übrigens in meinen Nebenjobs gesammelt: ob als Messehostess oder als Bedienung im Café. Schulen, um zu erkennen, wie Menschen sich verhalten – wie Männer sich zum Teil verhalten –, und um zu lernen, wie man sexistische oder einfach nur blöde Sprüche kontern kann. Auch diese Erfahrungen teilte und teile ich mit meinen Freundinnen. «Wie hast du reagiert? Mit welchen Worten hast du dich gewehrt?» Wir waren empört und erbost, besprachen Strategien und Lösungsmöglichkeiten und wussten doch früh: Die ungleichen Rollen würden uns immer begleiten. Wir sollten uns darauf vorbereiten.

Nach dem Studium lösten sich die Wohngemeinschaften auf. Wir fanden Jobs und brachen auf zu unterschiedlichsten Orten in Deutschland, manche gingen ins Ausland, ich selbst war als Unternehmensberaterin viel unterwegs. Gesehen haben wir uns, sooft es ging. Und auch wenn die Abstände größer wurden, auch wenn wir nicht mehr den Alltag teilten, die Intensität unserer Treffen ist geblieben.

Dann die Meilensteine im Leben: Wir haben gemeinsam Hochzeiten gefeiert, die Geburt der ersten Kinder, wir haben miterlebt, wie sich Karrieren entwickelten, wie die zweiten Kinder kamen oder in meinem Fall gleich zwei auf einmal, wie Ehen geschieden wurden und neue Beziehungen begannen.

Wir treffen uns bis heute regelmäßig, und alles kommt dann auf den Tisch. Gute Erlebnisse und Momente, aber auch die schwierigen Fragen: «Bist du sicher, dass die Entscheidung zu dir passt?» Wenn man sich so lange kennt, hilft es oft, sich gegenseitig kritisch an frühere Einstellungen zu erinnern: «Sag mal, das hast du vor ein paar Jahren aber ganz anders gesehen, weißt du noch? Woher kommt denn jetzt der Wandel? Willst du das wirklich, oder will das jemand anders von dir?» Die gegenseitige Ehrlichkeit ist nicht immer einfach auszuhalten, aber sie basiert gleichzeitig auf so viel Vertrauen, und ich wollte sie nie missen. Unsere Leben sind unterschiedlich verlaufen, und manchmal lachen wir darüber, wie ähnlich doch scheinbar die Startpunkte waren – damals, als wir mit dem Studium fertig waren – und dass dennoch das Heute nicht überrascht.

Diesen Austausch empfinde ich als genauso wichtig wie das Wissen, dass man jederzeit aufeinander zählen kann. Wenn ich zurückdenke, war es für mich entscheidend, die Perspektiven anderer Frauen zu hören, auch in Bezug auf mein Berufsleben: gemeinsam über die Rolle zu reflektieren, die man einnimmt. Wer ist wie glücklich mit der eigenen Rolle? Aber auch: Wie sichtbar macht man welche Themen? Genauer: Wie sichtbar will ich Themen machen, die Frauen betreffen?

Die Möglichkeiten dazu haben sich bei mir im Laufe der Jahre verändert. Je präsenter ich in der Öffentlichkeit wurde, desto mehr habe ich darauf geachtet, die Interessen von Frauen zu vertreten – und überhaupt erst einmal deutlich zu machen, wo sie gar nicht wahrgenommen werden. Dass es zu wenig Frauen in den Führungsetagen von Unternehmen gibt, ist allgemein bekannt. Dass divers besetzte Teams – und übrigens geht das weit über das Geschlecht hinaus – die besseren Ergebnisse liefern, ebenso. Aber die Überzeugung, dass man dies nur ändern kann, wenn mit alten Gewohnheiten gebrochen wird, hat sich noch nicht überall durchgesetzt. Manches verändert sich, ja. Aber noch lange nicht schnell genug.

Arbeitsstrukturen richten sich fast überall nach den Lebensläufen von Männern und basieren auf klassischen Rollenverteilungen. Nachdem ich 2015 zur Vorständin der Siemens AG berufen wurde, behielt ich trotzdem bei, was seit Geburt meiner Kinder in meinem Berufsleben Normalität geworden war: Nach 18 Uhr gab es mit mir keine Meetings, sodass ich am Abend bei meinen

Kindern sein konnte. Weitergearbeitet habe ich, als sie schliefen. Ich habe mich schon immer für flexible Arbeitszeiten eingesetzt, und tatsächlich wird dieses Modell von immer mehr Menschen übernommen. Es ist möglich. Flexibilität funktioniert, nicht nur für Mütter und Väter, sondern für alle Menschen.

Dauerhaft Teilzeit zu arbeiten kam für mich nie in Frage. Auch wenn meine Freundinnen teilweise andere Vorstellungen hatten, nie hat eine von ihnen gesagt: «Jetzt schraub doch mal das Tempo runter.» Obwohl mein Leben sich manchmal anfühlte wie im Turbobeschleuniger. Sie haben akzeptiert, wie ich gearbeitet habe, und ich habe akzeptiert, dass einige von ihnen andere Lebensmodelle gewählt haben als ich. Auch das ist Freundschaft: zu akzeptieren, dass jede*r den eigenen Weg wählt.

Heute bin ich in einer Situation, in der ich Unternehmen beraten und darin bestärken kann, die Regeln zu ändern und die Arbeitswelt menschlicher zu machen. Davon haben übrigens auch Männer etwas. Es gibt genug, die auch mehr Zeit mit ihren Kindern verbringen möchten. Die Rolle des Versorgers ist nicht jedermanns Sache.

Frauen werden Mütter. Frauen wollen als Mütter weiterarbeiten. Männer werden Väter. Und sie wollen nicht nur Wochenendvater sein. Das Leben verändert sich, und mit dem Leben müssen auch wir uns verändern. Was wir brauchen, ist ein Bewusstsein dafür, dass alles möglich ist, wenn man nur die entsprechenden Rahmenbedingungen und Strukturen schafft. Und ich habe gelernt: Diese Strukturen verändern sich nur, wenn man aktiv dafür eintritt, von allein kommen Änderungen selten. Wie wahr ist der Satz «If you can see her, you can be her»! Themen müssen sichtbar gemacht werden, Frauen müssen sichtbar sein. Nur so ist Identifikation möglich, und nur so wird sich etwas verändern.

Als vor einigen Jahren das Bild einer isländischen Abgeordneten um die Welt ging, die ihr Baby im Parlament stillte, während sie eine Gesetzesinitiative verteidigte, da dachte ich: Das ist ein ikonographisches Bild. Die Selbstverständlichkeit, mit der diese Frau ihre Jobs macht: als Politikerin. Und als Mutter. Die Sitzung lief einfach weiter.

Vorständin zu werden war nicht nur ein weiterer Karriereschritt. Ich wurde in dieser Position auch zu einer Figur des öffentlichen Lebens. Es gab viele Erwartungen an mich und die Position, die ich einnehmen würde, viele Filter, durch die ich betrachtet wurde: Welche Strategie verfolgt sie für den Konzern? Aber auch: Wie ist sie als Frau? Bei mir kam in der öffentlichen Wahrnehmung noch hinzu: nicht weiß und (damals) nicht besonders alt. Mutter von zwei Kindern. Und immer wieder eine Frage: Hat sie die nötige Kompetenz, wird sie ihre Aufgabe bewältigen, und wie bekommt sie das mit der Familie hin?

In diesen Zeiten bekam die langjährige Verbundenheit mit meinen Freundinnen eine neue Dimension: Es tut gut, Menschen in seinem Leben zu wissen, die einen schon kannten, als man noch morgens müde nebeneinander in der Vorlesung saß. Nichts darstellte. Keine Position innehatte. Menschen, die bedingungslos ehrlich zu einem sind – und deren Ehrlichkeit auf nichts anderes abzielt, als einen zu unterstützen. Ich selbst verhalte mich meinen Freundinnen gegenüber genauso. Was kritische Fragen keinesfalls ausschließt, das will ich damit nicht sagen. Aber in diesen Freundschaften, und das ist das Besondere, hat alles Äußerliche keine Bedeutung. Es geht nie darum, wer von uns welchen Beruf hat. Oder: bei wem es gerade am besten läuft im Leben. Keine Fassade. Keine Zuschreibungen von außen. Jede von uns kann so sein, wie sie sich gerade fühlt. Mit allen Fragen, Zweifeln, Schwächen, die ja auch einfach jeder Mensch hat.

Für meine Freundinnen bin ich die geblieben, die ich immer gewesen bin. Sie interessierten sich für meine Rolle und Funktion, wenn ich davon erzählte, und klar fragen sie auch manchmal nach. So wie ich auch, wenn es um ihre Erlebnisse und Erfahrungen geht. Dass ich Vorständin wurde, hat in unseren Beziehungen nichts verändert. Ich musste mich für teils schwierige Entscheidungen nie erklären oder rechtfertigen – und solche Entscheidungen gab es im Zuge der Restrukturierungen mit Personalabbau natürlich auch.

Wer im Feuer steht, lernt schnell, was Öffentlichkeit bedeutet. Im Unternehmen wurde ich gut beraten. Und eine frühere Ministerin, die ich von einigen Veranstaltungen und Einladungen kannte, gab mir einen Rat, für den ich ihr noch heute dankbar bin: «Ab jetzt sollten Sie aufhören, alles zu lesen, was über Sie geschrieben wird. Und an manchen Tagen lesen Sie am besten gar keine Zeitung.» Da auf der Vorstandsebene der Wirtschaft deutlich weniger Frauen als Männer vertreten sind, bekommt man als Frau automatisch mehr Aufmerksamkeit. Und wie bei allen Menschen klaffen das Bild, das in der Öffentlichkeit gezeichnet wird, und die Realität weit auseinander.

Meine Freundinnen sorgten in solchen Fällen für den notwendigen Humor: Es kam immer wieder vor, dass ich eine Nachricht auf der Mailbox hatte, in der mir eine von ihnen Tränen lachend davon erzählte, dass sie einen dieser Artikel gelesen hätte, in denen ich als wahnsinnig karriereorientiert, ultradiszipliniert und zielstrebig dargestellt wurde. «Wenn die wüssten, wie unsere Partys immer waren!»

Dazu muss man sagen: Natürlich wäre ich ohne Ehrgeiz und Disziplin nie so weit gekommen. Aber in manchen Artikeln klang es so, als hätte ich nie ein anderes Ziel verfolgt. Es gibt da diese amüsante Seite, aber auch eine ernste, über die ich genauso sprechen will. Denn das Bild der karriereorientierten Frau, die schon ganz früh weiß, was sie will, hat auch etwas Entmutigendes. Nach dem Motto: Je größer das Ziel, desto früher sollte man es anpeilen. Und wenn es doch etwas länger dauert? Lieber gleich lassen?!

Natürlich ist diese Vorstellung Unsinn. Ich selbst wollte mal Pianistin werden, Profi-Snowboarderin war auch mal eine gedankliche Option, ich dachte sowohl über ein Psychologie- als auch über ein VWL-Studium nach. Und es war gar nicht klar, dass ich mal beruflich den Weg wählen würde, den ich letztlich gegangen bin. Ich brauchte diese Studienjahre, um mir darüber klar zu werden, welche Richtung ich einschlagen will. Praktika und Jobs, die mir zeigten, was mir Spaß macht und was nicht.

So ging es übrigens auch meinen Freundinnen. Wir haben viel über unsere Entscheidungen gesprochen, oft tagelang, nächtelang. Schon in diesen Gesprächen wurde uns klar, dass es keine schnurgeraden Lebenswege gibt.

Und dass für ein erfülltes Leben viel mehr dazugehört als nur der Job. Es gibt viele Wege, die zum Ziel führen. Und: Wir haben alle unseren Weg gefunden.

JOY DENALANE

JOY MAUREEN DENALANE gilt als die «Queen of German Soul». Ihr Album «Mamani» und die Zusammenarbeit mit der Band Freundeskreis, insbesondere das Duett «Mit dir», das sie mit Max Herre sang, machten sie um die Jahrtausendwende bekannt. Auf den Alben, die in den Jahren danach folgten – «Born & Raised», «Maureen» und «Gleisdreieck» –, wechselte sie zwischen deutschsprachigen und englischen Texten.

2020 veröffentlichte sie «Let Yourself Be Loved». Es ist das erste Album einer deutschen Künstlerin, das auf dem berühmten US-amerikanischen Label Motown erschien. Seit den fünfziger Jahren steht Motown für bedeutende Musiker*innen wie Diana Ross, The Supremes, Erykah Badu, Stevie Wonder, Marvin Gaye, The Isley Brothers und Jackson Five. Joy Denalane tourte in Deutschland und Südafrika, spielte Konzerte in Philadelphia und New York. Sie hat mit südafrikanischen Musikern gearbeitet, darunter die Jazz-Legende Hugh Masekela und die Band Mahotella Queens, deren Musik Zulu-Traditionen mit Soul- und Jazz-Einflüssen verbindet. Viel beachtet wurde auch Denalanes Zusammenarbeit mit dem Deutschen Filmorchester Babelsberg, dem

MDR-Sinfonieorchester und dem Jazz-Trompeter Till Brönner.

Joy Denalane engagiert sich im Kampf gegen Aids und unterstützt die südafrikanische Organisation Wola Nani sowie die Deutsche Aidshilfe.

Sie wurde 1973 in Berlin geboren, wo sie auch heute noch mit ihrem Mann Max Herre und ihren beiden Söhnen lebt.

Meine Mutter – und wie wichtig es ist, die eigene Stimme zu nutzen

Mir fällt auf, dass ich seit ein paar Jahren sehr viel mehr Frauenstimmen entdecke, die mich zum Nachdenken anregen. Wie die der Schriftstellerin Carolin Emcke. Oder die von Cemile Sahin, deren Roman «Alle Hunde sterben» ich gerade gelesen habe. Ich freue mich über mehr Vielfalt und grundsätzlich mehr Stimmen, die erzählen, wie Frauen ihren Weg gestalten und sich neue Räume erschließen.

In meinem Leben war es meine Mutter, die mich von klein auf dazu ermutigt hat, meine Stimme zu nutzen und auszusprechen, was mich bewegte.

Das Selbstbewusstsein, das meine Mutter an mich weitergab, ist geprägt von ihrem eigenen Lebenslauf oder genauer gesagt: dem Lebenslauf meiner Eltern. Die beiden haben sich Anfang der sechziger Jahre in Heidelberg kennengelernt, der Heimatstadt meiner Mutter. Meine Mutter war weiß, mein Vater schwarz. Er war aus Südafrika, Johannesburg, nach Deutschland gekommen, um hier Zahnmedizin zu studieren.

Im Deutschland der sechziger Jahre, in einer Zeit, in der Menschen, die im Nationalsozialismus Karriere gemacht hatten, zum Teil wieder in leitenden Positionen waren, entschied sich meine Mutter entgegen den Erwartungen ihres persönlichen Umfelds für meinen Vater.

Aus dieser Entscheidung – als weiße Frau im Nachkriegsdeutschland mit einem schwarzen Mann zusammenzukommen und ihn zu heiraten – ist eine große Kraft erwachsen. Man kann sagen, dass die Liebe meiner Eltern politisch war. Und hierdurch hat sich sicher ihr Bewusstsein dafür geschärft, dass ihre zukünftigen Kinder bestimmten Diskriminierungen ausgesetzt sein würden.

Meine Eltern hatten Mut. Für ihre Beziehung und später für ihre Kinder. Meine Mutter hat uns Instrumente an die Hand gegeben, hat uns beigebracht, aufzubegehren, zu widersprechen, sich stark zu machen, die eigene Stimme zu erheben und sich eben nicht in eine Ecke drängen zu lassen.

Wenn ich ihr davon erzählte, was andere Kinder über mich und mein Aussehen gesagt hatten, gab sie mir Ratschläge, wie ich das verbal lösen könnte. Sie bestärkte mich auch, indem sie immer klar machte: Wenn du nicht weiterkommst, dann holst du mich oder deinen Vater, und dann klären wir das eben auch mit den Eltern der Kinder. Diese Haltung hat sich auf mich übertragen, ob auf dem Spielplatz oder später in der Schule.

Und meine Mutter war nicht selten in der Schule, um mit meinen Lehrer*innen zu sprechen, und einfach wahnsinnig hinterher. Sie war da, war präsent. Ich glaube, durch die schützende Hand meiner Mutter lernte ich, mich so zu lieben, wie ich war.

Ich bin 1973 geboren. So weltoffen Berlin vielen damals erschienen sein mag, war es doch eine vor allem weiß geprägte Jugendkultur, mit der ich aufgewachsen bin. Vor kurzem habe ich mit meinem jüngeren Sohn – er ist siebzehn Jahre alt – den Film «Christiane F. – Wir

Kinder vom Bahnhof Zoo» von 1981 gesehen. «Berlin ist heute so anders, viel bunter», hat mein Sohn danach als Erstes gesagt. Es stimmt.

Meine Mutter war sehr resilient. Aus schwierigen Situationen zog sie Stärke. Dabei strahlte sie Ruhe aus, auch wenn es bei uns zu Hause selten ruhig zuging. Wir sind sechs Kinder, meine Eltern waren beide berufstätig, beide hatten viel zu tun – als Berliner Kinder kamen wir schon im Alter von wenigen Wochen in die Krippe. Wir lernten früh, selbständig zu sein.

Ich hatte eine glückliche Kindheit. Die Hürden, die es gab, waren überwindbar. Ich habe mich nicht klein gefühlt, wenn ich Räume betrat, in denen ich das einzige schwarze Mädchen war. Ich hatte eine Stimme, und ich nutzte sie selbstbewusst. In der Schule diskutierte ich gerne. Die Klarheit und die Kraft meiner Mutter waren ein Kompass für mich. Das heißt nicht, dass ich immer nach ihrer Meinung gefragt hätte – gerade als Jugendliche wollte ich sie nicht immer hören. Ich zog mit sechzehn aus.

Aber ich konnte bei meiner Mutter immer sicher sein, dass sie meine Lebenswelt verstand. Im Gegensatz zu manchen Freund*innen hatte ich nicht das Gefühl, sie hätte in meiner Welt keinen Platz. Ich zeigte mich gerne mit ihr, war stolz auf sie – wir gingen auch mal für einen Abend in den Tresor, einen berühmten Techno-Club, der 1991 in Berlin eröffnet hatte.

Sie unterstützte mich bei meinem Traum, Musikerin zu werden. Mein Vater reagierte viel vorsichtiger, auch besorgt. Nach der Schule hatte ich mich immatrikuliert, aber ich fand mich einfach nicht ins Studium ein. Meinem Vater hätte es gefallen, wenn ich alles darangesetzt hätte, das Studium durchzuziehen. Ich verstand ihn, aber interessanter wurde die Universität dadurch nicht.

Meine Mutter sah meine Begeisterung. Den Wunsch, nein, meinen Willen, einen eigenen Weg einzuschlagen. Sie war der Meinung, dass ich es versuchen solle – und dass die Musik genau das Richtige für mich sei.

Ihr war durchaus klar – und mir auch –, dass es ein Wagnis war, die Musik zu einem Lebensprojekt zu machen. Der deutsche Musikmarkt war in den neunziger Jahren eng abgesteckt. Die großen Einflüsse kamen aus den USA und England. Danach richteten sich die Major-Labels. Nicht alles begeisterte mich. Aber ich fand meinen Einstieg in die Musikindustrie 1996 mit der Girl-Group «Joy, Sugar & Cream». Nach einem Single-Release trennten wir uns.

Solo ging ich nach Stuttgart, um an neuer Musik zu arbeiten, lernte die Band Freundeskreis kennen und Max Herre. Für das Album «Esperanto», das 1999 erschien, nahmen Max und ich zusammen den Song «Mit dir» auf. Musikalisch sind wir seitdem eng verbunden, und wir verliebten uns. Bekamen bald unseren ersten Sohn. Ich begann an «Mamani» zu arbeiten, meinem Debütalbum, das 2002 veröffentlicht wurde. Es war eine Zeit vieler Anfänge, verbunden mit dem Gefühl, angekommen zu sein.

Dann erkrankte meine Mutter an Krebs. Uns blieb kaum Zeit für einen Abschied. Sie starb mit neunundfünfzig Jahren. Ich lebte damals in Stuttgart. Zur Beerdigung kam ich nach Berlin, es blieb schwer greifbar für mich, dass sie nicht mehr da war. Heute verstehe ich, welchen Unterschied es macht, ob man sich von einem Menschen verabschieden kann oder nicht.

Geblieben ist mir neben all den schönen Erinnerungen an meine Mutter ihr Lebenskompass, mit dem sie mich bis heute durchs Leben navigiert.

STEPHANIE CASPAR

STEPHANIE CASPAR, geboren 1973, ist die erste Frau im Vorstand des Medienunternehmens Axel Springer, verantwortlich für den Bereich Classifieds Media.

An der Universität Lüneburg studierte sie Betriebswirtschaftslehre. Sie arbeitete als Unternehmensberaterin bei McKinsey, bei eBay unter anderem als Direktorin Strategie, und sie gründete zusammen mit Otto das E-Commerce-Unternehmen mirapodo.

Seit 2013 ist Stephanie Caspar bei Axel Springer tätig. Sie lebt mit ihrem Mann und ihrer Tochter in Berlin. Tennisspielen liebt sie ebenso wie das Meer. Und sie folgt dem Prinzip, ihr Büro freitags mit dem Gefühl zu verlassen, dass die Woche gut abgeschlossen ist.

Meine Kindheitsfreundin Claudia – und gesunder Ehrgeiz

Ich sehe meine Kindheitsfreundin Claudia im Schneidersitz vor mir. Über dem Bürgersteig der Reihenhaussiedlung, in der wir wohnen, flimmert die Sommerhitze. Eine kleine Welt, wenig Autoverkehr, viele Kinder.

Es ist Juli, kurz vor den Schulferien. Claudia und ich haben gemeinsam einen Straßenbasar organisiert, bevor alle aus der Nachbarschaft in die Ferien aufbrechen werden. In Holzkisten liegen Dinge, die wir gebastelt oder gesammelt haben, dazu einige Spielzeuge, für die wir uns jetzt – da wir bald Erstklässlerinnen sein werden – zu alt fühlen. Auch unsere Freunde aus den Nachbarhäusern haben einiges zusammengetragen, was sie nun anbieten wollen. Uns kommt die Welt groß vor.

Wenn ich heute zurückblicke, ist diese Straße für mich wie ein Synonym für Abenteuer. Hier unternahmen Claudia und ich Nachtwanderungen, die in Wahrheit natürlich kurz nach Sonnenuntergang endeten. Hier lernten wir Fahrrad- und Rollschuhfahren, Handstand, Radschlag, Gummi-Twist, auf Stelzen laufen – stundenlang, jeden Tag.

Auf dem kleinen Spielplatz der Siedlung saßen wir oft zusammen, und noch in dem Jahr, bevor wir eingeschult wurden, brachten wir uns gegenseitig das Einmaleins bei. Wir verkauften in der Nachbarschaft Kuchen, den wir selbst gebacken hatten, um Geld für alles Mögliche zu sammeln, für den Tierschutz oder ein Schulprojekt. In meiner Erinnerung habe ich viele Bilder davon: wie Claudia gerade Plätzchen aus dem Ofen holt, die Schürze ihrer Mutter umgebunden, wie sie den fertigen Zauberwürfel nach nur wenigen Minuten strahlend in die Luft hält oder wie wir lachend vor dem Kassettenrekorder sitzen, um ein Hörspiel aufzunehmen. Es musste immer etwas passieren, und wir hatten immer etwas vor. Die Energie ging uns nie verloren, was auch daran lag, dass keine von uns der anderen in etwas nachstehen wollte.

Ich erinnere mich gerne daran, wie wir uns anspornten. Wir waren ehrgeizig, neue Dinge zu lernen und auszuprobieren: Wie geht das? Zeig mir das mal! Kannst du das schon?

Wenn etwas nicht klappte, bot die andere eine helfende Hand. Und ich weiß noch genau, dass ich oft sehr lange übte, bis ich das konnte, was Claudia schon schaffte – und umgekehrt. Ich konnte früh lesen, verschlang Bücher, und sie wollte mithalten, natürlich. So wie ich, wenn sie etwas sehr gut beherrschte. Ein Funke von «Wieso kann sie das jetzt schon so gut?» schwirrte durch unsere Freundschaft – und dass ich schon als Kind immer mehr wollte, immer neugierig war, das hat vor allem mit Claudia zu tun. Es war ein Glück, dass ich so früh in meinem Leben ein Mädchen kannte, das alles für möglich hielt.

Aus heutiger Sicht würde man sagen: Wir befähigten uns gegenseitig, fanden gemeinsam die Freiheit, uns auszudrücken, und durch den Eifer, den wir beide hatten, fanden wir immer ein neues Ziel – wir lernten schnell. Ich fühlte mich zudem immer sicher. Das ist wohl auch eine der besonders einprägsamen Kindheitserinnerungen, ich hatte das Gefühl: Was wir machen, ist gut. Wir waren begeisterungsfähig und begeisterten uns gegenseitig. Im Kindergarten und in der Grundschule passte kein Blatt zwischen uns.

Gegen Ende der zweiten Klasse wurden unsere Mütter plötzlich zu einem Elterngespräch eingeladen. Unsere Klassenlehrerin war der Auffassung, Claudia und ich liefen aus der Spur. Wir seien zu ehrgeizig. Man müsse uns bremsen. Wir sollten uns nicht gegenseitig so anspornen. Ungesund sei das, einfach zu viel. Unsere Lehrerin sah nur, was immer schon da war und wie es immer schon gemacht wurde. Ich bin 1973 in Bremen geboren, in Delmenhorst aufgewachsen, es hätte auch anders sein können, denn wir lebten nicht im letzten Winkel der Welt, und über verkrustete Strukturen gerade in der Bildung wurde seit Mitte der sechziger Jahre diskutiert. Aber bei uns an der Schule war der neue Wind noch nicht durchgefegt.

Claudia und ich wurden auseinandergesetzt. Die Lehrerin empfahl unseren Eltern, unsere sozialen Fähigkeiten zu fördern. Das kann natürlich nie schaden, nur war es nicht gerecht. Die Jungs konkurrierten währenddessen ständig – im Sport, in Mathematik, alles war für sie ein Wettbewerb. Keiner von ihnen wurde dazu eingeteilt, sich um andere Schüler zu kümmern. Stimmen wie die von Michelle Obama, die heute selbstbewusst aussprechen, dass gute Noten fabelhaft sind und Mädchen sich von nichts bremsen lassen sollten, hörte man damals nicht.

Fortan hatten Claudia und ich den Auftrag, uns mehr um andere Kinder in der Klasse zu kümmern und sie zu unterstützen. Wir taten das eigentlich gern. Ich mochte die meisten meiner Mitschüler, es war keine Aufgabe, die ich als unangenehm empfand, wobei die Botschaft, die mitschwang, natürlich etwas Ungutes hatte. Man spürt als Kind ja so einiges, auch wenn man es nicht benennen kann. Haltet euch mal mehr zurück, das wurde uns vermittelt. Wie ihr euch verhaltet, ist nicht normal. Ihr wollt zu viel. Abgesehen davon, dass Claudia und ich getrennt wurden und diese neue Aufgabe erhielten, passierte von Seiten der Schule nichts.

Meine Mutter fragte mich zu Hause: «Geht es dir gut? Drängelt ihr wirklich um den ersten Platz?» Mir ging es gut. Ich drängelte nicht und meine beste Freundin auch nicht. «Mach dir keine Sorgen, Mama», sagte ich. Meine Mutter war danach erleichtert, sie war eigentlich sehr stolz auf uns. Aber ich spürte auch, dass bei ihr ein Rest Zweifel blieb: Taten Claudia und ich uns wirklich gegenseitig gut? Setzten wir uns vielleicht tatsächlich zu sehr unter Druck?

Ein Junge auf meiner Schule, der seine ersten sechs Schuljahre in den USA verbracht hatte, erzählte mir mal, dass dort die Schüler mit dem besten Notendurchschnitt vom Lehrer zu einem Eis eingeladen worden waren. Das war ein anderer Nährboden, um Kinder zu fördern. Über uns dachte niemand: Toll, dass die beiden Mädchen ihre Talente erkunden, sich gegenseitig befähigen. Mädchen und Wettbewerb? Ungesund. Ehrgeiz? Eher unsympathisch und unerwünscht.

Seitdem hat sich zum Glück einiges verändert, auch in den Schulen. Aber es gibt immer noch Vorbehalte gegenüber ehrgeizigen Frauen, und ich erzähle diese Geschichte von Claudia und mir auch deshalb, weil es eben noch nicht überall als vollkommen normal erachtet wird, dass Mädchen und Frauen alles wollen – und erreichen können.

Es gibt interessante Tests, die ein Licht darauf werfen, wie tief bestimmte Assoziationen bis heute in unserer Gesellschaft verankert sind.

Ein Beispiel: Es gibt zwei Listen. Auf der einen stehen jeweils gleich viele Frauen- und Männernamen. Auf der anderen stehen verschiedene Tätigkeiten, die entweder mit dem Beruf oder mit der Familie zu tun haben. Nun gibt es mehrere Durchläufe. Im ersten wird die Geschwindigkeit gemessen, mit der Probanden die Männernamen beruflichen Tätigkeiten zuordnen. Dasselbe passiert dann in einem zweiten Durchgang mit den Frauennamen. Schließlich geht es darum, mit welcher Geschwindigkeit Männernamen familiären oder beruflichen Aktivitäten zugeordnet werden. Dabei zeigt sich: Die Assoziation von Mann und Beruf erfolgt viel schneller als die von Mann und Familie – und die von Frau und Familie erfolgt viel schneller als die von Frau und Beruf.

Nun kann man lange darüber diskutieren, ob das bei so einer anonymen Studie nicht vollkommen normal ist – solange Frauen sich verstärkt um die Kinder kümmern und im Berufsleben noch nicht in allen Bereichen so präsent sind wie Männer.

Im konkreten Einzelfall führt das aber natürlich schon zu Benachteiligungen, die uns bewusst sein sollten: Das zeigen andere Experimente, in denen man zum Beispiel bei Lebensläufen das Geschlecht weglässt und die Vorgesetzten auf dieser Grundlage entscheiden lässt – um dieselben Lebensläufe ihnen dann, in einer Vergleichsrunde, mit der Angabe zu zeigen, ob ein Mann oder eine Frau sich für die Stelle bewirbt. Auch hier ist das Ergebnis eindeutig: Männern wird oft mehr zugetraut als Frauen.

Von solchen Vorstellungen werden wir von Kindheit an geprägt. Mädchen, heißt es, haben gute soziale Fähigkeiten, Jungen suchen den Wettbewerb. Ich erlebe das häufig, in Interviews, in denen ich immer wieder zu persönlichen Themen befragt werde. Es wird kommentiert, wie ich wirke, wie ich mit meinen Mitarbeitern umgehe, ob ich gemocht werde und wie mein Mann und ich seine und meine Karriere organisiert bekommen. Das interessiert bei einer Frau in einer Führungsposition anscheinend mehr als ihre strategischen Pläne oder ihre Haltung zu wichtigen inhaltlichen Themen. Dasselbe lässt sich bei Interviews von Spitzenpolitikerinnen beobachten.

Unsere Realitäten werden sich aber nur ändern, wenn Frauen aktiv gegen die genannten Zuschreibungen angehen – und gegen das frühe Antrainieren von Rollenbildern. Das Sozialverhalten von Mädchen wird gefördert, manchmal auch ganz subtil. Und das prägt natürlich. Kümmere ich mich genug um andere? Bin ich zu laut, zu selbstbewusst, zu fordernd? Das ist kein Plädoyer für Rücksichtslosigkeit, natürlich nicht. Aber ein Plädoyer dafür, dass es Mädchen und Frauen nicht schwerfallen sollte, etwas für sich zu tun.

Ich habe bis auf wenige Monate nach der Geburt meiner Tochter immer viel und mit großer Hingabe gearbeitet, zugleich habe ich eine eigene Familie.

Ich habe das Glück, einen Ehemann zu haben, der mich unterstützt und sich als Vater nicht nur verantwortlich fühlt, sondern auch einbringt. Und zudem Arbeitgeber, die akzeptieren, dass ich bestimmte Zeiträume für mein Kind haben möchte. Ich habe meinen Vorgesetzten auch immer offen gesagt: Wenn die Kita anruft und meine Tochter abgeholt werden muss, entscheide ich mich für mein Kind – auch wenn wir gerade in einer wichtigen Sitzung sind. Immer wenn ich das zum Beispiel im Rahmen von Gesprächsrunden erzähle, schaue ich in erleichterte Gesichter. Dass das möglich ist. Und dass eine Frau mit einem tollen Job auch Kompromisse machen muss und das okay ist.

Ich denke, es liegt auch an der frühen Kindheitserfahrung mit meiner Freundin Claudia, dass ich mich oft getraut habe, ins Risiko zu gehen. Was ich damals als ungerecht empfand, habe ich, wann immer mich solche ungleichen Verhältnisse später berührten, hinter mir gelassen. Ich habe immer mit Bauch und Herz entschieden – und in dem Gefühl, dass neue Wege gut sind. Den Willen, wieder aufzustehen, wenn man hingefallen ist, habe ich als Kind gelernt – in der Schule, dann auch durch den Sport, den ich später intensiv betrieb, und natürlich durch meine Eltern. Den Optimismus, vor allem Chancen statt Risiken zu sehen, verdanke ich ihnen. Die Lust, Neues auszuprobieren und sich zu trauen, verdanke ich meiner Kindheitsfreundin.

Mit ihr habe ich zudem sehr früh erlebt, dass man gemeinsam Großes erreichen kann und dass es zusammen auch mehr Spaß macht. Das prägt bis heute meinen Führungsstil. Gemeinsam auf ein klares Ziel hinzuarbeiten, sich jeweils von der Energie des anderen anstecken zu lassen und sich zu unterstützen, sich aber auch zu reiben und herauszufordern – das entspricht dem Arbeitsumfeld, in dem ich arbeiten möchte und in dem ich am besten bin, immer die schönsten Erfolge erzielt habe.

Claudia und ich haben uns als Jugendliche in unterschiedliche Richtungen orientiert, kamen in unterschiedliche Klassen und Kurse. Ich entdeckte für mich Tennis als Leistungssport und trainierte sehr viel, Claudia hat getanzt. Sie absolvierte nach dem Abitur eine Ausbildung im mathematisch-technischen Bereich in einem Luft- und Raumfahrtunternehmen, studierte im Anschluss und arbeitete bald schon als wissenschaftliche Mitarbeiterin, blieb zunächst an der Universität. Rückblickend finde ich es sehr stimmig, dass Claudia ihre Karriere in einem Raumfahrtunternehmen begann.

Ich fing nach dem Studium bei der Unternehmensberatung McKinsey an, zog nach Hamburg und reiste um die Welt. Als eBay, damals noch ein kleines Unternehmen, auf mich zukam und mir ein Angebot machte, war ich fasziniert und sagte zu. Es war ein neuer Weg, eine neue Chance, die mich neugierig gemacht hat, auch wenn sie in der frühen Phase der Digitalisierung nicht jeder verstanden hat. So habe ich meine Entscheidungen über die Jahre immer wieder getroffen. Was in alle Entscheidungen mit einfließt, ist die Erfahrung, dass es wichtig ist, die besten Talente zu gewinnen und zu entwickeln, Männer und Frauen – natürlich auch in meiner Verantwortung bei Axel Springer. Wir sind auch in unserem Unternehmen noch nicht in allen Bereichen so weit, dass Frauen im selben Maße Verantwortung tragen wie Männer, entwickeln uns aber mehr und mehr dorthin, auch weil wir diesem Thema höchste Priorität einräumen. Ich würde andere Frauen gerne dazu inspirieren, sich zu trauen und nicht schon von vornherein manche Schritte auszuschließen, weil sie Familie haben möchten oder sie sich selbst in Frage stellen. Oder weil sie Hemmungen haben, ihre ehrgeizigen Ziele zu verfolgen, da sie negative Rückmeldungen bekommen haben. Zu oft ziehen es Frauen gar nicht erst in Betracht, verantwortungsvolle Positionen anzustreben.

Mir ist sehr bewusst, dass alte Freundschaften das Leben bis in die Gegenwart beeinflussen. Die Kindheit zieht weite Kreise. Claudia und ich haben uns nach der Schulzeit leider aus den Augen verloren. Bei Abiturtreffen haben wir uns wiedergesehen. Das war schön, es gab eine alte Vertrautheit zwischen uns. Als vor einigen Jahren meine Mutter verstarb, schrieb mir Claudia einen langen Brief. Das hat mich sehr berührt. Es war auch ein Zeichen dafür, wie eng die Verbundenheit nach all diesen Jahren noch ist. Und mir ist klar, dass wir beide uns etwas Wichtiges gegeben haben: das Gefühl, unbegrenzt zu sein.

CIANI-SOPHIA HOEDER

CIANI-SOPHIA HOEDER ist Unternehmerin und Autorin. Das von ihr gegründete Onlinemagazin «RosaMag» hat sie nach Rosa Parks benannt, die in den fünfziger Jahren mit ihrer Weigerung, im Bus für einen weißen Fahrgast von ihrem Sitzplatz aufzustehen, zur Mutter der Bürgerrechtsbewegung in den USA wurde. «RosaMag» ist das erste Magazin im deutschsprachigen Raum, das sich an Schwarze FLINTA*s richtet, an Frauen und Menschen, die lesbisch, inter, non-binary, trans* oder agender sind. Berichtet wird über Lifestyle, Politik, Popkultur, Sport und über Schwarze Frauen, die unser öffentliches Leben prägen.

Ciani-Sophia Hoeder wurde 1989 in Berlin geboren. Sie studierte in Berlin und London, arbeitete in einer PR-Agentur und für eine NGO. Neben ihrer Tätigkeit für «RosaMag» schreibt sie eine Kolumne für das «SZ Magazin», zudem unterstützt sie Unternehmen und Organisationen dabei, sich mit strukturellem Rassismus auseinanderzusetzen und Antirassismus-Trainings durchzuführen. Auch Medien fordert sie dazu auf, die eigenen Strukturen kritisch zu hinterfragen: Sind People of Color in der Redaktion vertreten? Aus welcher Perspektive werden Themen beleuchtet? Inwieweit sind Journalist*innen darin ausgebildet, antirassistisch zu denken?

Ciani-Sophia Hoeder tritt dafür ein, dass die Realität als solche anerkannt wird. Bei der Forderung nach mehr Diversität in Politik und Wirtschaft etwa werde zu wenig betont, dass Deutschland längst eine diverse Gesellschaft hat: Jeder Vierte, der hier lebt, hat eine Migrationsgeschichte.

Zudem setzt sich Ciani-Sophia Hoeder für die Aufarbeitung der deutschen Kolonialgeschichte ein. Nicht zuletzt konzentriert sich ihr gesellschaftliches Engagement auf diskriminierungsfreie Bildung: die Auseinandersetzung damit, wo Rassismus in unserer Bildung reproduziert wird – durch Sprache, in Schulbüchern sowie in Kinder- und Jugendliteratur.

Meine Mutter, meine Freundin Nana – und warum der Versuch, sich anzupassen, verschwendete Zeit ist

Je älter ich werde, desto mehr denke ich darüber nach, was meine Mutter alles für mich getan hat. Mein Vater trat erst in mein Leben, als ich sechzehn Jahre alt war. Davor hat meine Mutter mich allein großgezogen, unterstützt von meinen Großeltern. Sie war bei meiner Geburt erst Anfang zwanzig und machte eine Ausbildung zur Physiotherapeutin. Zusätzlich half sie abends in einem Restaurant in Berlin-Wilmersdorf aus, wo wir damals wohnten. So finanzierte sie unser Leben und ihre Ausbildung.

Es gibt einige Bilder und Momente aus meiner Kindheit, die sich mir besonders eingeprägt haben. Etwa, wie ich in der Laube meiner Großeltern Zeit verbringe und Himbeeren esse, die aus irgendeinem, für mich magischen Grund für den ganzen Sommer reichen. Meine Mutter sitzt im Gras und lernt für eine ihrer Prüfungen. Sie lernte viel, sie arbeitete viel.

Einige Erinnerungen aus meiner Kindheit fließen ineinander – ich kann sie zeitlich kaum zuordnen. Da sind die Wochenenden, an denen meine Mutter mich morgens noch schlafend ins Auto bettete, um mit mir an die Ostsee zu fahren, sodass ich, als wir am Ziel angekommen waren und ich aufwachte, als Erstes das Meer sah. Meine Mutter war sehr spontan, voller Energie, und sie versuchte, jeden Moment besonders zu gestalten. Ich war bei Ausflügen immer dabei, als einziges Kind in einem Kreis von Anfang Zwanzigjährigen – wir fuhren in Städte wie Budapest und Prag, die man von Berlin aus mit dem Auto erreichen konnte. Meine Kindheit war ganz anders als die der meisten Kinder, mit denen ich in den Kindergarten und später zur Schule ging: Meine Mutter nutzte in ihrem jungen Elan jede Gelegenheit für Ausflüge, Konzerte, Entdeckungen. Wir waren immer in Bewegung, es gab immer neue Inspiration – für mich waren unsere Unternehmungen Abenteuer. Jeden Sommer reisten wir an einen anderen Ort; meine Mutter war neugierig auf das Leben, und das gab sie an mich weiter. Sicher hat auch das zu meinem Wunsch beigetragen, Journalistin zu werden.

Ein weiterer Moment aus meiner Kindheit: Wir sind auf dem Flohmarkt, kaufen Spielsachen und Kleidung. Ich spürte, dass wir uns damit von anderen Familien unterschieden. Es war für meine Mutter nicht leicht, unser beider Leben zu finanzieren. Sie war unglaublich stark, hat sich für uns beide viel erkämpft: sei es unser finanzielles Auskommen oder auch, als alleinerziehende Mutter respektiert zu werden.

Heute denke ich, dass ich in meiner Kindheit eher spielend und beiläufig etwas sehr Wichtiges gelernt habe: Selbständigkeit. Und hartnäckig am Ball zu bleiben, auch wenn die Situation nicht einfach ist. Meine Mutter brachte mir bei, sehr genau darüber nachzudenken, wofür man Geld ausgibt. Oder: was und wie viel man wirklich braucht. Es war für mich ganz selbstverständlich, dass ich meine Sachen – bis auf einige Lieblingsstücke, die ich behalten wollte – auch wieder auf dem Flohmarkt verkaufte, wenn ich sie nicht mehr brauchte. So gab man die Dinge in den Kreislauf zurück. Nicht alles muss neu sein, um einen Wert zu haben.

Ich wuchs durchaus in dem Bewusstsein auf, Kind und Enkelkind einer Berliner Arbeiterfamilie zu sein. So wie viele andere Freund*innen, mit denen ich bis heute verbunden bin, auch. Bis heute ist das Teil unserer Identität.

Aus dem Kreis meiner Kindheitsfreund*innen bin ich die Einzige, die studiert hat. Für meine Mutter wie für mich hatte es immer eine besondere Bedeutung, dass ich studierte. Sie hat mich sehr unterstützt, um mir das Studium zu ermöglichen. An allererster Stelle durch ihre Haltung. «Du kannst alles werden», sagte sie mir: «Bundeskanzlerin, Pilotin, Autorin, was du willst.» Wenn etwas nicht klappte, fing sie mich auf. Sie war so stark, weil sie Startbedingungen für mich schaffen wollte, die sie selbst nicht gehabt hatte: mehr Chancen, das eigene Leben so zu gestalten, wie ich wollte.

Es gibt ein Ritual, das wir nach wie vor pflegen, wann immer eine von uns die Unterstützung der anderen braucht: Wir sitzen am Esstisch im Haus meiner Mutter zusammen und reden uns alles von der Seele. Inzwischen lebt meine Mutter in Berlin-Neukölln, mit meiner Schwester, die dreizehn Jahre jünger ist als ich. «Die drei Musketiere» hat meine kleine Schwester uns genannt, als sie noch ein Kind war. Diese Gespräche bedeuten mir sehr viel: die Ehrlichkeit, auch das Wissen, dass meine Mutter durchaus einen kritischen Blick hat, aber einen, der dabei helfen soll, Lösungen zu finden. Sie hatte nie eine feste Vorstellung davon, was ich werden soll – außer glücklich.

Auf dem Weg bis hin zur Gründung von «RosaMag» gab es einige prägende Erfahrungen, die letztlich alle dazu beigetragen haben, dass ich mich mit genau diesem Magazin selbständig machen wollte.

Nachdem ich mich immatrikuliert und die ersten beiden Semester Politikwissenschaft studiert hatte, nutzte ich die vorlesungsfreie Zeit, um Eindrücke zu sammeln und herauszufinden, in welchem Bereich ich später arbeiten wollte. Nach dem dritten Semester machte ich ein Praktikum in der Pressestelle der Grünen in Berlin.

Der Hauptstadtbetrieb, Journalisten unterschiedlichster Medien kennenzulernen, die Vielfalt an Themen – all das beeindruckte mich. Zum ersten Mal hatte ich das Gefühl, ich selbst sein zu können. Während anderer Praktika war ich oft frustriert gewesen – ob im Fernsehbereich oder bei Printmagazinen. In den meisten Redaktionen gab es keine People of Color, da fehlten wichtige Perspektiven, und manchmal fühlte ich mich sogar fehl am Platz. Ich war damals Anfang zwanzig und auf der Suche nach Menschen, an deren Lebenslauf ich mich orientieren konnte. Ich wollte wissen, wie andere Schwarze Frauen ihren Weg in den Journalismus gefunden hatten, wie sie die Welt sahen. In der Pressestelle der Grünen arbeiteten Menschen mit ganz unterschiedlichen Lebens- und Migrationsgeschichten. Ich fühlte mich in diesem Team frei.

Wenn man nicht direkt darauf achtet, mag einem gar nicht auffallen, dass politische Parteien und auch die Redaktionen vieler Medien die Realität unserer Gesellschaft nicht widerspiegeln. Jeder vierte Deutsche hat eine Migrationsgeschichte, aber nur fünf bis sechs Prozent der Journalist*innen in Deutschland.

Frauen, die etwas zum ersten Mal erreichen, bekommen oft viel Aufmerksamkeit. Die erste Frau als Bundeskanzlerin. Die erste Schwarze als US-Vizepräsidentin – diese Liste ließe sich fortsetzen. Aber über den Weg, den Frauen gehen müssen, um dort anzukommen, und über die damit verbundenen Gefühle wird wenig reflektiert. Es fordert ungeheure Energie, die Einzige und/oder Erste zu sein.

Ein einziges Mal erlebte ich während meiner Zeit als Praktikantin bei den Grünen, dass während einer Pressekonferenz eine andere Schwarze Frau im Raum war. Sie war Journalistin. Wir unterhielten uns zwar nicht, dafür ergab sich keine Gelegenheit – aber schon sie zu sehen löste bei mir einen Knoten aus Frustration und auch einer gewissen Beklemmung. Damals fasste ich den Gedanken, dass gerade diese besondere Stellung, die Einzige zu sein, auch ein Vorteil sein könnte. Aufzutreten, wie es meinem Selbstbild entsprach – statt weiter mit aller Kraft zu versuchen, mich anzupassen. Denn darum hatte ich mich bis dahin immer wieder bemüht. Sei es, dass ich im Kreis meiner Kommilitonen vorgab, Bücher gelesen zu haben, die ich nicht kannte, die aber in den bildungsbürgerlichen Elternhäusern der anderen selbstverständlich waren. Oder dass ich – und das war mir lange Zeit gar nicht bewusst – mein Äußeres veränderte, um mich der weißen Mehrheitsgesellschaft anzupassen, zum Beispiel, indem ich meine Haare glättete.

Aus dem Praktikum nahm ich das Bewusstsein mit, dass meine Biographie eine Stärke und keine Schwäche ist. Dass die Perspektive einer jungen Schwarzen Frau mich auszeichnet. Die Frustration, die ich vorher empfunden hatte, verwandelte sich in Selbstbewusstsein. Mir wurde klar, dass mein Blickwinkel für die afrodeutsche Community wichtig ist, aber auch grundsätzlich für die

Gesellschaft. Es ging darum, Vielfalt sichtbar zu machen und einen respektvollen Umgang damit zu befördern.

Nach meinem Studium arbeitete ich zunächst eine Zeitlang für eine NGO. Ich war glücklich, die Stelle bekommen zu haben. Gleichzeitig war ich wie vom Blitz getroffen, als mir klar wurde, dass mein Anfangsgehalt – mit sechsundzwanzig, frisch von der Uni – so hoch war wie das meiner Mutter nach fast dreißig Jahren Berufstätigkeit.

Die Arbeit bei der NGO war reizvoll, aber ich distanzierte mich innerlich mehr und mehr davon. Die Frage nach sozialer Gerechtigkeit wurde, wie ich fand, nicht entschieden genug gestellt. Natürlich spielte meine eigene Erfahrung mit hinein. Das Armutsrisiko ist für Frauen, die alleinerziehende Mütter sind, um ein Vielfaches höher als zum Beispiel für verheiratete Frauen. Mir wurde immer klarer, dass ich mich sichtbar und hörbar für gesellschaftliche Themen einsetzen möchte. Auch für die Schwarzer Frauen.

Dann kam ein wichtiger Impuls, der sich aus einer Recherche ergab. Noch während meiner Arbeit für die NGO hatte ich angefangen, Informationen über ein Produkt zu sammeln, das viele Schwarze Frauen verwenden, um ihre Haare zu glätten. Ein chemisches Mittel mit dem Namen «Relaxer». Ich selbst benutzte es, obwohl es auf der Kopfhaut brennt und ganz offensichtlich nicht guttut, seit ich elf Jahre alt war.

Einiges von dem, was ich über «Relaxer» herausfand, erschütterte mich. Studien aus den USA belegen, dass das Mittel das Risiko für Gebärmutterhalskrebs oder die Entstehung von bösartigen Myomen erhöht. Warum hatte ich darüber nie in einem deutschen Medium gelesen?

Mir wurde bewusst, dass ich Informationen zu Pflege- oder Beauty-Produkten für Schwarze Frauen nur aus den USA oder Großbritannien bekommen konnte, aber auch: dass die natürliche Form meiner Haare in den Medien kaum abgebildet wird. So kam ich darauf, dass es keine Publikation für Schwarze Frauen gibt, die Bereiche wie Lifestyle, Gesundheit, Gesellschaft und Politik umfasst.

Ich habe in Zusammenhang mit der Gründung von «RosaMag» oft darüber gesprochen, dass Haare durchaus eine politische Bedeutung haben. So wie es ein System gibt, das die Macht Weißer Personen stärkt und ihre Privilegien ausweitet, so gibt es auch ein System, das Schwarze Menschen und Gemeinschaften aktiv entmutigt und ihre Macht untergräbt. Wenn ich mein Äußeres verändere, um so einem Schönheitsideal der Weißen Mehrheitsgesellschaft zu entsprechen, und noch dazu meine Gesundheit dabei schädige, dann habe ich verinnerlicht, dass das andere System das überlegene ist – und unterstütze es damit sogar. Das war der Schluss, zu dem ich kam. Ich erkannte, dass ich viele Jahre lang Ausgrenzung oder internalisierten Rassismus zum Teil verdrängt, zum Teil nur am Rande wahrgenommen hatte. Ich hörte also auf, meine Haare zu glätten. Danach erlebte ich viel häufiger Situationen, in denen ich wegen meiner äußeren Merkmale angesprochen, auch beleidigt wurde – bis hin zum N-Wort, das ich mit einem Mal öfter hörte als zuvor in meinem Leben.

Es ist tatsächlich ein Schritt, den man bewusst machen muss: Wenn man anfängt, sich mit Ausgrenzung zu beschäftigen, lässt man seinen Schutzwall fallen – und plötzlich wird einem klar, in wie vielen Momenten es Ungerechtigkeit in der Gesellschaft gibt. So wie es wahrscheinlich vielen Frauen geht, egal, welcher Hautfarbe, die genauer hinsehen und dann feststellen: Geschlechtergerechtigkeit und Gleichstellung sind leider nach wie vor oft nicht mehr als eine hehre Forderung. Aber Frustration und Genervtsein allein verändern nichts.

Ich finde, dass es durchaus Orte geben muss, an denen Unzufriedenheit oder Wut darüber zum Ausdruck gebracht werden können. Entscheidend aber ist, daraus etwas Konstruktives zu machen. Ich zog für mich Bilanz: Als meine journalistische Pflicht verstehe ich es, alle Menschen einer Gesellschaft anzusprechen, aber auch einzelne Perspektiven bewusst zu fördern. Auch die von People of Color.

Und natürlich sind Schwarze Frauen keine homogene Gruppe, das betonen wir in «RosaMag» immer wieder. Ich würde mir auch nicht anmaßen, jemanden wie Michelle Obama, Beyoncé oder Meghan Markle dafür zu beurteilen, dass sie ihre Haare glätten. Alle drei setzen sich für Gleichstellung von People of Color und von Frauen ein. Mir geht es dagegen ganz grundsätzlich darum, auf die Frage hinzuweisen: Lebe ich in meinem Alltag verinnerlichten Rassismus? Warum tue ich bestimmte Dinge in meinem Leben? Die Antworten darauf sind individuell. So wie sich jede Frau fragen kann: Färbe ich mir die Haare blond, weil ich persönlich es schön finde? Inwieweit bin ich dabei beeinflusst von einem Schönheitsideal, das ein soziales Konstrukt ist? Und wer hat es aufgebaut? Michelle Obama trägt ihre Haare inzwischen oft wieder lockig. Das ist eine sichtbare Botschaft.

Mit der Gründung von «RosaMag» veränderte sich in meinem Leben sehr viel. Ich war selbständig. Unternehmerin. Autorin. Ich war – und bin – sehr glücklich, ein Medium geschaffen zu haben, das Leser*innen informiert und zugleich dazu einlädt, sich zu identifizieren. Denn – auch das war Teil meiner Überlegungen vor der Gründung – es gibt einfach zu wenig Positives, das Schwarze in Deutschland miteinander verbindet. An erster Stelle sind verbindende Erfahrungen oft die von Diskriminierung und Ausgrenzung. Deshalb wollte ich positive Berührungspunkte aufzeigen. Ich wollte einen Raum schaffen, der ermutigt.

Froh war ich natürlich auch über alle Maßen, dass mir die Gründung überhaupt gelang. Ich hatte mich mit meiner Idee beim Media Lab Bayern beworben, das Journalist*innen und Gründer*innen fördert und vernetzt. Einige Monate entwickelte ich das Projekt im Rahmen des «Ideen-Inkubators». Das war eine gute und hilfreiche Zeit, in der ich von Mentoren umgeben war und von anderen Gründern, die an ihren Projekten arbeiteten. Wir alle teilten ein ähnliches Mindset: Wie kommt man zu dem besten Ergebnis? Wie grenzt man genau ein, was man will? Zudem wurden die Projekte finanziell gefördert, auch das gab mir die Freiheit, mich ganz auf meines zu konzentrieren.

Heute finanziert sich «RosaMag» über Steady, eine Mitgliedschaftsplattform für unabhängige Medien. Zudem veranstalten wir, das Redaktionsteam, Workshops für Unternehmen und Organisationen. Wir teilen unser Wissen mit Menschen und regen dazu an, ein Bewusstsein dafür zu entwickeln, wo Diskriminierung stattfindet. Und wie man sie stoppt.

Ich engagiere mich auch dafür, dass ein klares Bild davon entsteht, wie viele Schwarze in Deutschland leben:

Laut Verbänden und Medienberichten sind es 800 000, vielleicht sogar eine Million. Man kann nachschauen, wie viele ADAC-Mitglieder es in Deutschland gibt, aber genaue Angaben darüber, wie viele Schwarze in Deutschland leben, fehlen. Die Zahlen sind wichtig, um sich im nächsten Schritt damit zu beschäftigen, wie viele Menschen hier von Rassismus betroffen sind und warum Rassismus ein grundsätzliches gesellschaftliches Problem ist.

Zu den ersten Frauen, die ich für «RosaMag» interviewte, gehörte Nana Addison. Sie hat eine Messe für «Afro Lifestyle, Hair & Beauty» geschaffen, die «Curl Con», um die afrodeutsche Community zu vernetzen. Ich war auf ihre Arbeit aufmerksam geworden und wollte darüber berichten. Wir trafen uns in Kreuzberg. Das Interview dauerte etwa eine Stunde – anschließend beschlossen wir spontan, uns noch ein Eis zu holen und etwas spazieren zu gehen. Daraus wurden acht Stunden, in denen wir über unsere Erfahrungen als Gründerinnen sprachen. Während meiner Zeit im Media Lab hatte ich mich viel mit anderen Gründer*innen ausgetauscht. Nana aber war in einer ähnlichen Situation wie ich und konnte deshalb meine Fragen nachempfinden: wie man als junge Schwarze Gründerin wahrgenommen wird, welche Impulse man geben will.

Wir sind sehr unterschiedlich, das mag ich so an ihr. Noch heute diskutieren wir viel. Ich bin meist eher idealistisch eingestellt, sie ist pragmatischer und vertritt die Haltung: Damit ein Unternehmen wachsen kann, muss es Geld verdienen. Man darf nicht vergessen, dass wir beide Unternehmen gegründet haben, deren Zielgruppe für die meisten in unserer Gesellschaft nicht im Fokus steht. Nana weiß so gut wie ich, wie hart es ist, unsere Unternehmen nach außen zu vertreten und Partner zu finden, die uns unterstützen. Das ist ein besonderer Wert in unserer Freundschaft: dass wir die Situation der anderen so gut verstehen.

Was ich an Nana besonders schätze, ist ihr Humor. Wir lachen sehr viel, weil es uns Kraft gibt. Auch über Momente, die eigentlich ernst sind. Als wir uns kennenlernten, sahen wir von der jeweils anderen nur die schönste Seite. Mit der Zeit stellten wir fest, dass wir beide belastende Fragen und Themen haben, die wir mit unseren Therapeuten besprechen. Kein Grund, nicht auch darüber zu lachen. Es gibt eben nicht nur die glänzende Fassade. Ich spreche darüber offen, weil ich es wichtig finde, sich für diese Art von Seelenfürsorge Zeit zu nehmen.

Obwohl wir beide optimistische Macherinnen sind, läuft bei uns nicht alles reibungslos im Leben. Wir wollen etwas Neues kreieren, statt uns mit der Frustration über die gegebenen Strukturen abzufinden. Wir haben schon einiges geschafft. Aber die Wahrheit ist schön und traurig zugleich, denn so vieles bleibt noch zu tun. Wir erleben auf unseren Wegen immer wieder auch Verletzungen und absurde Momente, obwohl wir inzwischen in der Öffentlichkeit wahrgenommen werden und viel, viel positive Rückmeldungen bekommen. Es hilft, über diese Widersprüche zu lachen. Und dann weiterzumachen.

CHRISTIANE
NÜSSLEIN-VOLHARD

CHRISTIANE NÜSSLEIN-VOLHARD ist Biologin – und eine Pionierin der Genforschung. Durch ihre jahrelange Forschung an Fruchtfliegen fand sie heraus, wie Gene die Entwicklung von Embryonen bestimmen. Das brachte ihr weltweit Anerkennung und 1995 den Nobelpreis in Medizin. Sie ist die erste Deutsche, die mit diesem Preis ausgezeichnet wurde. Wissenschaftsjournalisten haben Christiane Nüsslein-Volhards Leistungen für die Entwicklungsbiologie mit der Weltumsegelung Ferdinand Magellans verglichen.

Geboren wurde Nüsslein-Volhard 1942 in Magdeburg. Sie wuchs mit ihren vier Geschwistern in Frankfurt am Main auf. Nach einem Studium der Biologie und Biochemie wurde sie 1973 promoviert. Es folgten zahlreiche Forschungsarbeiten und Gastdozenturen an verschiedenen Instituten im In- und Ausland.

Am Max-Planck-Institut für Entwicklungsbiologie in Tübingen war Christiane Nüsslein-Volhard von 1985 bis 2014 Direktorin der Abteilung Genetik. Im Mai 2001 wurde sie Mitglied des Nationalen Ethikrates, der sich mit Fragen der Gentechnik und des Embryonenschutzes auseinandersetzt.

Neben ihrer Forschungstätigkeit gründete sie im Jahr 2004 die Christiane Nüsslein-Volhard-Stiftung zur Unterstützung junger Wissenschaftlerinnen mit Kindern.

Ihren Morgen beginnt Christiane Nüsslein-Volhard gerne in ihrem Garten, wo es einen Teich gibt, in dem man schwimmen kann. Siebzehn Grad Wassertemperatur seien genau richtig, um wach zu werden.

Meine Großmutter – und wie wichtig es ist, das eigene Talent ernst zu nehmen

Meine Großmutter machte mir vor, mein Talent ernst zu nehmen. Das war nicht selbstverständlich, als ich ein Kind war. Frühe und individuelle Förderung von Kindern, wie es sie heute gibt, war in den vierziger Jahren noch in weiter Ferne. Aber in unserer Familie war das selbstverständlich. Meine Großmutter war eine sehr begabte Malerin. Sie war eine Frau, die etwas konnte. Das hat mir imponiert.

Schon in frühen Jahren habe ich mich sehr für Pflanzen und Tiere interessiert. Wann immer ich die Möglichkeit dazu hatte, hielt ich mich in der freien Natur auf. Ich liebte unseren Garten, Spaziergänge im Wald. Wenn ich draußen herumstreifte, war mein Blick meistens auf den Boden gerichtet. Ich pulte Knospen auf, sah mir die Pflanzen genau an – ich wollte wissen, wie sie wuchsen und wo, was ihre Unterschiede und besonderen Merkmale waren. Meine Großmutter ermutigte mich, sie war eine passionierte Bergsteigerin und kannte sich gut mit Pflanzen aus. Sicher sah sie darin noch nicht meine spätere Berufung, aber sie erkannte mein großes Interesse.

Sie selbst hatte das Glück, dass ihr Talent als Malerin schon früh unterstützt worden war. Ich hörte ihr gerne zu, wenn sie davon erzählte. Da saß eine Frau, die sich ihrer Fähigkeiten bewusst war. Und die eigene Meinungen hatte.

Meine Großmutter wuchs in einer kleinen Stadt im Elsass auf, nicht weit entfernt von Straßburg. Ihr Vater leitete eine Reparaturwerkstatt der Reichsbahn, und er war, so erzählte sie mir, ein zugewandter Vater, dem die Bildung seiner Kinder wichtig war. Da meine Großmutter schon als Kind auffallend gut zeichnete, ermöglichte er ihr, Unterricht bei einem Maler in Straßburg zu nehmen. All das war in dieser Zeit, als Mädchen üblicherweise eher mit Puppen spielten und das Gefühl vermittelt bekamen, weniger wert zu sein als Jungen, durchaus ungewöhnlich. Die Offenheit meines Großvaters prägte den Weg meiner Großmutter – und sie wiederum später meinen. Denn in meiner Kindheit war das Rollenverständnis ja noch ganz ähnlich.

Als junge Frau besuchte meine Großmutter wie viele «höhere Töchter» eine Malschule, ging für ein Jahr nach München, um dort zu lernen und an der Universität Vorlesungen über Kunstgeschichte zu hören. Nach ihrer Ausbildung wollte sie in Paris weiter Malerei studieren. Aber dann verliebte sie sich und schlug den konventionellen Weg als als Ehefrau und Mutter ein.

Als Kind war meine Großmutter für mich nicht nur dann präsent, wenn sie uns in Frankfurt am Main besuchte. Ihr Selbstverständnis umgab mich jeden Tag, in unserem Alltag. Meine Eltern hatten nach Ende des Zweiten Weltkriegs viele Möbel von ihr überlassen bekommen. Dieses Mobiliar hatte meine Großmutter als Teil ihrer Aussteuer selbst entworfen. Geheiratet hatte sie für die damalige Zeit relativ spät, mit achtundzwanzig Jahren. Ein paar Vereinbarungen waren vor der Eheschließung getroffen worden, darunter die, dass sie selbst die Einrichtung gestalten würde. Diese sehr geschmackvollen Stücke aus hellem Holz standen dann also später bei uns in der Wohnung. All das blieb nicht ohne Einfluss auf meinen Vater, der ihren guten Geschmack schätzte. Er war Architekt und entwarf auch manchmal Möbel.

Aus heutiger Sicht sind die Freiheiten, die sich meine Großmutter nahm, natürlich nicht außergewöhnlich. Wer möchte, nimmt Zeichenunterricht. Und wer Lust hat, entwirft Stühle und bestellt sie dann im Internet oder beim Schreiner. Aber meine Großmutter wurde 1883 geboren. Man muss sich in diese Zeit zurückversetzen, um ihrem Lebensgefühl als junge Frau nachzuspüren. Erst 1918 wurde in Deutschland das Wahlrecht für Frauen eingeführt. Und man musste als Frau schon etwas wagen, um der eigenen Stimme Gehör zu verschaffen – ob in der Familie, der Öffentlichkeit oder später in der Politik.

Meine Großmutter war gebildet und lebensklug. Zum Freundeskreis meiner Großeltern in Straßburg gehörten etwa der Journalist und spätere Bundespräsident Theodor Heuss, seine spätere Frau Elli Heuss-Knapp – die die Patentante meiner Mutter war – und Albert Schweitzer, der als Theologe die beiden getraut hatte und später in Afrika als Arzt wirkte.

Meine Großmutter hörte in Straßburg die Vorlesungen des berühmten Kunsthistorikers Georg Dehio und kannte sich ausgezeichnet in den Kunstwerken der deutschen Museen und Kirchen aus. Als ich ein junges Mädchen war, schon auf dem Sprung zum Teenager, planten meine Eltern für sich und ein befreundetes Ehepaar eine Reise in die schöne Landschaft der französischen Bourgogne. Vorab wurde genau festgelegt, welche Kathedralen besichtigt und welche Hotels gebucht werden sollten. Ich durfte als Oberprimanerin mitkommen. Nun befand meine Großmutter, dass es auch für sie eine wunderbare und bildende Reise sein würde, also bat sie meinen Vater inständig, mitkommen zu dürfen. In meiner Erinnerung antwortete er «Ja», wenngleich etwas zähneknirschend. Er wusste wohl, dass er seiner Schwiegermutter nichts abschlagen konnte. Aber es dauerte nicht lange, dann hatte er seinen Frieden mit der neuen Reiseplanung gemacht, und unser gemeinsamer Aufenthalt in der Bourgogne war unbeschreiblich schön.

Ich besuchte meine Großmutter als Teenager häufig in den Ferien. Nach dem Krieg wohnte sie in einer kleinen Wohnung im Dachgeschoss des Hauses meiner Tante in Heidelberg. Mein Großvater war in einem Sanatorium an Entkräftung gestorben – er hatte seit Kriegsende an Melancholie gelitten, wie man Depressionen damals nannte.

In der Wohnung meiner Großmutter gab es ein Atelier, in dem sie ihre Staffelei und ihre Materialien hatte. An den Wänden hingen frühe Bilder von ihr, darunter einige Selbstporträts. Andere zeigten Verwandte oder Models aus der Malschule, an denen sie gelernt hatte, und Landschaften. Sie wies meine Schwester in Ölmalerei ein, ich hab's auch versucht, aber nicht weit gebracht. Ich zeichnete viel.

Geschichten aus der Jugend meiner Großmutter hörte ich gern. Sie erzählte, dass sie als junges Mädchen mit einer Freundin auf den Monte Rosa gestiegen und fast in eine Gletscherspalte gefallen war, dass sie allein eine große Deutschlandreise und eine Reise nach England unternommen hatte. Ich fand das enorm mutig! Ob das für eine Frau nun als vermessen galt oder nicht – sie tat es. Mit langem Lodenrock über den Kniebundhosen und einem großen Skizzenbuch, in dem sie die Bergpanoramen zeichnete. Das habe ich heute noch! Wir nannten sie als Kinder «Raketen-Oma», wegen ihres schnellen Schrittes, sie war immer geschäftig, hat uns später Kleider genäht und bei modischen Fragen beraten.

Sie war auch eine herausragende Köchin. Es gab immer üppiges und sehr leckeres Essen – und viele Fragen: «Wie läuft es in der Schule?» – «Worüber denkst du so nach?» – «Und worüber denkt ihr jungen Frauen gerade so nach?» – «Wie geht es deinen Geschwistern?»

Damals war schon klar, dass ich in Biologie und ganz allgemein in Naturwissenschaften begabt war. Aber ich war auch handwerklich geschickt, habe viel gebastelt, gezeichnet, genäht und gekocht. Das lag sicher auch an ihrem Einfluss und dem meiner Mutter, ihrer Tochter.

In das damals gängige Bild von Mädchen und jungen Frauen passte ich nicht, das spürte ich. Meine Klassenkameradinnen interessierten sich für Petticoats und die neueste Mode aus Paris, für Filmstars und natürlich für Jungs. Meine Eltern bestanden darauf, dass ich an den üblichen Tanzstunden teilnahm, wenngleich ich mich dort gar nicht wohlfühlte. Wenn es darum ging, mit umschwärmten Tanzpartnern zu flirten, war ich sehr schüchtern. Das war nicht meine Welt.

Ich besuchte ein Mädchengymnasium, hatte sehr gute Lehrerinnen. Wann immer später darüber diskutiert wurde, ob Mädchen und Jungen in Naturwissenschaften getrennt unterrichtet werden sollten, erinnerte ich mich daran, dass ich mich in meiner Entwicklung sehr frei fühlte. Ob Jungen oder Mädchen in Naturwissenschaften besser seien, war dabei nie die Frage. Ich war übrigens keine durchweg gute Schülerin, auch nicht immer diszipliniert. Die Schulzeit hat eben nur begrenzte Aussagekraft für das spätere Leben. Ich hatte auch mal eine Vier in Latein oder in Englisch. Biologie interessierte mich eben am meisten, dafür ließ ich andere Fächer manchmal schleifen. Mit schlechtem Gewissen, das schon. Aber so sehr hat sich das in all den Jahren auch nicht verändert. Noch immer gibt es bestimmte Dinge, für die ich wirklich brenne, während ich manches andere, um das ich mich genauso kümmern müsste, liegenlasse.

Eine ähnliche Leidenschaft wie für Naturwissenschaft empfinde ich für Musik. Als junges Mädchen hatte ich Flötenunterricht und habe im Chor gesungen, auch hier war ich durchaus begabt. Meine Doktorandinnen und Doktoranden am Max-Planck-Institut erzählten später gerne davon, dass man mich, wenn ich morgens kam, schon im Treppenhaus singen hörte. Aber als mich meine Flötenlehrerin einmal fragte, ob ich später Musik oder Biologie studieren wolle, antwortete ich, ohne lange zu überlegen: Biologie! Das war für mich gar keine Frage. Und das war hilfreich, gerade wenn man sich wie ich als junge Frau in einer Welt bewegte, die nicht für einen gemacht zu sein schien.

Glücklicherweise unterstützten alle in meiner Familie meine Neigung zur Biologie. Meine Mutter war Kindergärtnerin, sie lenkte mein Interesse mit Liebe und fand meine Neugier wunderbar. Meinen Forschergeist, wie meine Großmutter es nannte.

Von uns Geschwistern war ich die Einzige, die eine enge Verbindung zu meiner Großmutter hatte. Meine Schwestern und mein Bruder mochten sie, fürchteten sie aber wohl auch manchmal. Mich hingegen schreckte nicht ab, wie streng meine Großmutter sein konnte. Es mag sein, dass sie mich besonders liebte, das bedeutete aber nicht, dass für mich andere Regeln galten. Unvergesslich ist mir, wie ich einmal – damals war ich vielleicht sechs oder sieben Jahre alt – vom Mittagstisch aufstand, ohne vorher um Erlaubnis zu fragen. Dafür ließ sie mich am Tisch sitzen, bis ich fragte, das war dann nachmittags um vier Uhr. Meine Zuneigung zu ihr minderte das nicht. Oder zumindest nicht lange.

Vor allem als es auf das Abitur zuging, bestärkte mich ihre Energie. Obwohl ich dazusagen muss, dass meine Großmutter mich nie besonders angefeuert hat, «etwas» zu werden. Damals wurde nicht viel über Beruf geredet. Auch nicht mit meinen Eltern. Mentoren im heutigen Sinne waren weder meine Eltern noch meine Großmutter. Aber wir haben uns viel unterhalten. Interessant unterhalten. Und mich beeindruckte, wie viel meine Großmutter als junge Frau selbständig gemacht hat. Später hat sie ja dann so gelebt, wie es als standesgemäß galt – als Hausfrau und Mutter, und so hat sie auch ihre Töchter erzogen.

Aber in ihrer Gegenwart spürte ich etwas, das mir im Umgang mit Gleichaltrigen fehlte: Da war jemand, der mein Interesse verstand. Wahrscheinlich meinten es die anderen Mädchen gut mit mir, wenn sie mir immer wieder von Alain Delon erzählten. Viele von ihnen träumten davon, nach dem Ende der Schulzeit bald zu heiraten und Kinder zu bekommen. Sie waren genauso intelligent wie die Jungen und Männer, die sich in unserem Umfeld bewegten. Aber kaum jemand sagte diesen jungen Frauen: Sucht euer eigenes Glück, verwirklicht euch beruflich. Um nicht missverstanden zu werden: Natürlich verstehe ich den Wunsch, eine Familie zu gründen. Aber meine Schulkameradinnen sahen ihr Potenzial gar nicht erst.

Und sicher kam mein Gefühl, nie so ganz in der Welt meiner Schulkameradinnen verankert zu sein, auch daher, dass ich als naturwissenschaftlich interessiertes und talentiertes Mädchen erst recht ein Sonderfall war. Bis heute ist es ja so, dass wir Deutschen Wissen in Geschichte, Politik, Kunst und Literatur wertschätzen. Aber wer kann auf Anhieb die Lehre Mendels oder die Hauptsätze der Thermodynamik erklären, wenn er ein paar Jahre aus der Schule raus ist – oder den Unterschied zwischen einem Bakterium und einem Virus?

Es gab wenige Frauen, die wie ich als Biologinnen oder Biochemikerinnen ihren Weg suchten. Und für diejenigen, die das taten, gab es wenig Respekt. Sei es von Seiten der männlichen Kollegen oder in gesellschaftlichem Sinne. Das kam erst mit der Zeit.

Mich beeinträchtigte das nicht in meinem Selbstverständnis. Ich fand meine Arbeit immer spannend, das stand im Zentrum. Auch nachdem ich geheiratet hatte.

Die Ehe hielt leider nicht: Mein Mann und ich trennten uns, als ich zweiunddreißig Jahre alt war. Heute herrscht allgemein ein anderes Rollenverständnis, es gibt mehr Freiheit für Männer wie Frauen. Männer müssen nicht beruflich erfolgreich sein, um Anerkennung zu finden. Ich hatte damals mehr beruflichen Erfolg als mein Mann, und daraus entstand ein Konflikt, für den wir keine Lösung fanden. Es funktionierte für ihn einfach nicht. Andere Frauen hätten sich in meiner Situation wohl ihrem Mann untergeordnet, wären selbst kürzergetreten, aber das wollte ich nicht.

Heute denke ich oft, dass es letztlich nicht darum geht, wer erfolgreicher ist. Aber man muss einen Partner finden, der einem intellektuell ebenbürtig ist und gefestigt in seinem Selbstbewusstsein. Wann immer ich heute einen Mann sehe, der einen Kinderwagen schiebt und offensichtlich Zufriedenheit und Erfüllung daraus gewinnt, sein Kind zum Spielplatz – und durchs Leben – zu begleiten, freue ich mich. Denn wie oft habe ich am Max-Planck-Institut in Tübingen mit Kollegen zusammengearbeitet – und wohlgemerkt waren nicht wenige von ihnen zwanzig Jahre jünger als ich –, deren Frauen sich in Vollzeit um Kinder und Haushalt kümmerten und ihren Männern vor Dienstreisen die Koffer packten.

Es ist umso wichtiger, dass Unternehmen Modelle anbieten, die Frauen ermöglichen, ihre Arbeit – nicht nur in Teilzeit – und die Sorge um die Kinder miteinander zu vereinbaren. Ich habe eine Stiftung gegründet, die junge Wissenschaftlerinnen unterstützt, damit sie sich eine Haushaltshilfe leisten und so auf ihre Forschung konzentrieren können. Wichtig ist das in meinen Augen auch, weil Frauen, die Ehrgeiz haben, nicht zögern sollen, Kinder zu bekommen. Wer Karriere machen will, sollte nicht ausschließen müssen, eine Familie zu haben. Und umgekehrt. Und warum sollten Frauen nicht die Möglichkeit haben, ihrem beruflichen Interesse so weit zu folgen wie Männer, denen weniger Grenzen gesetzt werden?

Meine Großmutter setzte ihre Grenzen in der für sie typischen Weise selbst. Sie hat in ihrem Leben nicht ein einziges Bild verkauft, das gehörte sich nicht für sie. Ich habe viele aus ihrem Nachlass an der Wand hängen und bewundere sie täglich.

CARLA REEMTSMA

DIE KLIMAAKTIVISTIN Carla Reemtsma, geboren 1998, ist eines der Gründungsmitglieder von Fridays for Future in Deutschland, ebenso wie Jördis Thümmler, Pauline Brünger und Luisa Neubauer. Die Aktivistinnen gehören zu den bekanntesten Gesichtern der Bewegung, die sich dafür einsetzt, dass das Pariser Klimaabkommen und das 1,5-Grad-Ziel zur Begrenzung der Erderwärmung eingehalten wird.

Meine Cousine Luisa Neubauer, Vanessa Nakate, Mitzi Jonelle Tan, Jördis Thümmler – und der Mut, Verantwortung zu übernehmen

Wenn man von einem «Vorbild» spricht, klingt das oft, als würde man jemandem in allem nacheifern und denselben oder zumindest einen sehr ähnlichen Weg einschlagen wollen. Das tue ich nicht, trotzdem würde ich Menschen wie Luisa, Jördis und Pauline immer als meine Vorbilder bezeichnen: weil sie, wenn es notwendig ist, nie zögern, Verantwortung zu übernehmen. Das bestärkt mich. So wie es auch das Engagement der philippinischen Klimaaktivistin Mitzi Jonelle Tan oder von Vanessa Nakate von Fridays for Future Uganda tut.

Da Luisa meine Cousine ist, mag es überraschen, dass ich nicht von Kindheitserinnerungen erzähle: von großartigen und vielleicht weniger großartigen Momenten, von Familienfeiern oder Geburtstagen, Ritualen, die sie und mich verbinden. All diese Momente gibt es natürlich. Aber die Bilder, die ich sofort im Kopf habe, wenn ich an Luisa denke, sind andere: wie wir an Weihnachten 2018 zusammensaßen und über Aktionen sprachen, die aufrütteln sollten. In den vergangenen Wochen hatte sich etwas bewegt: In Deutschland war in der Stadt Bad Segeberg am 7. Dezember zum ersten Mal von Schülerinnen und Schülern gestreikt worden. Über einen Schulstreik, der eine Woche später in Kiel stattfand, berichteten mit einem Mal viele Medien. Greta Thunbergs #FridaysFor-

Future war weltweit von Schülerinnen und Studierenden aufgegriffen worden – seit sie im Sommer 2018 mit einem Plakat vor dem Reichstag in Stockholm protestiert hatte, um einzufordern, dass die Klimakrise gestoppt wird.

In den Monaten nach Gretas erstem Streik in Schweden hatten Luisa und ich uns wie so viele junge Menschen auch mit Menschen aus unserem Umfeld vernetzt, von denen wir dachten, dass sie das Anliegen der Proteste teilen. Das Prinzip war einfach: Jeder lud weitere Leute ein, brachte eine lokale Gruppe zusammen, organisierte einen Streik. Das Netzwerk wuchs schnell.

Ausschlaggebend war für viele die Rede Greta Thunbergs auf der Klimakonferenz in Kattowitz im Dezember 2018. Das Video ihrer aufrüttelnden Worte ging von heute auf morgen auf Twitter, Facebook und Instagram viral – und schaffte die Möglichkeit, in den Kommentarspalten und WhatsApp-Gruppen Gleichgesinnte zu finden. In den darauffolgenden Wochen streikten weltweit Kinder und Jugendliche fürs Klima: von Europa über Nord- und Südamerika bis nach Asien und Australien.

> Im Januar 2019 gründete Carla Reemtsma in Münster, wo sie damals studierte, einen Ableger von Fridays for Future. Sie ist seither Delegierte der Jugendprotestbewegung, nimmt an Demonstrationen und Streiks teil, vertritt das Anliegen von Fridays for Future in Diskussionsrunden und Talkshows.

In dieser Zeit kam viel in Bewegung. Diese Anfangsphase von Fridays for Future war von einer sehr euphorischen Stimmung geprägt, energiegeladen, begeistert – aber die Strukturen dafür mussten erst mal aufgebaut werden.

Es bildeten sich Gruppen in verschiedenen Städten, und mir ist vor allem in Erinnerung, wie Pauline Brünger in Köln nicht nur dort eine Fridays-for-Future-Gruppe aufbaute, sondern gleichzeitig überall Hilfe anbot: Sie half mit dem Aufbau von Social-Media-Kanälen und war für andere ein Vorbild dafür, wie man Ressourcen teilt, was eine Kettenreaktion auslöste: Einige schrieben Vorlagen für Pressemitteilungen, die alle nutzen konnten, andere brachten sich mehr oder weniger über Nacht bei, wie man Photoshop benutzt, wie man Grafiken baut, wie man Informationsmaterial zusammenstellt, das dann verteilt werden kann. Nicht alle Ortsgruppen waren gleich stark aufgestellt, in kleineren Städten waren es zum Teil nur eine Handvoll Leute, auch deshalb war Paulines Einsatz so inspirierend für viele – sie machte sich von Anfang an zur Aufgabe, trotz der dezentralen Strukturen von Fridays for Future für möglichst viele mitzudenken und zu unterstützen, wo es nötig war.

Schon zu dem Zeitpunkt waren einige wenige – Greta international, Luisa in Deutschland – medial besonders präsent. Unsere Stärke lag allerdings immer in der breiten Unterstützung der Bewegung, dem Engagement vieler, denn uns war bewusst, dass wir uns nur gemeinsam Gehör verschaffen und außerparlamentarisch Einfluss nehmen können.

Luisas und meine Großmutter engagiert sich seit den Siebzigern als Umweltaktivistin und im Kampf für globale Gerechtigkeit. Erzählungen über den Alternativen Nobelpreis, Hamburger Kohlekraftwerke oder ihre Umweltgruppe schwirren durch die Erinnerung meiner Kindheit.

Dass jeder Verantwortung für alle übernehmen, sich hohe Ziele setzen und entschlossen dafür eintreten kann, lebt meine Großmutter uns vor. Diese Erfahrungen haben Luisa und mich nachhaltig geprägt, ist es doch ein großes Privileg, so aufzuwachsen – mit dem Zugang zu Bildung und umgeben von Menschen, die gesellschaftliches Engagement ebenso fördern wie ein politisches Bewusstsein. Letzteres unabhängig davon, wie alt man ist.

Es hat Luisas und meine Beziehung immer schon zu einer besonderen gemacht, dass wir mit Neugier, aber auch mit Ernsthaftigkeit an Themen herangegangen sind und auch dass es nicht nur um uns ging, sondern um einen offenen Blick in die Welt. Nun muss man dazu sagen, dass es bis zum Januar 2019 in Münster ein Erfolg für uns war, wenn wir mal einen Dreizeiler in einer Lokalzeitung für unsere lang geplanten Aktionen bekamen. Richtig gut war es gelaufen, wenn neben der Meldung ein Foto abgedruckt wurde. Das waren die Erfahrungen, auf die wir zurückgreifen konnten.

Jetzt organisierte ich eine Kundgebung für Fridays for Future in Münster mit. Unsere Aufrufe hatten wir als Textnachrichten übers Handy in die WhatsApp-Gruppen von Schulklassen oder Sportgruppen verschickt. Es war uns Organisatoren eigentlich zu optimistisch vorgekommen, hundert Teilnehmer anzumelden. Um kurz vor zehn Uhr standen wir im Schneeregen vor dem Rathaus. Dann kamen die ersten Teilnehmerinnen und Teilnehmer, mehr und immer mehr. Schon nach einer Viertelstunde waren die Bürgersteige und die Straße vor dem Rathaus blockiert. Der Verkehr kam zum Stillstand.

An zwei Momente erinnere ich mich noch sehr genau. Wie ich schließlich, nach einigen Minuten, in denen ich schlichtweg überwältigt war, zu einigen Polizeibeamten ging und darum bat, dass die Demonstranten vom Rathaus zum Dom gehen dürften: Da waren Studierende, Schüler, Eltern, die ihre Kinder auf dem Arm oder den Schultern trugen, vor allem jüngere, aber auch ältere Menschen. Und das war der andere außergewöhnliche Moment: zu erleben, dass wir, die für Klimaschutz eintreten, nicht wenige sind. Es war wie ein Versprechen.

In der darauffolgenden Woche stand ich mit Luisa auf dem noch leeren Bürgersteig vor dem Bundeswirtschaftsministerium in Berlin. Januarhimmel, kalter Wind, große Aufregung. Wir rechneten mit mehr Teilnehmern als in Münster, meinten, aus den letzten Aktionen gelernt zu haben – und wurden wieder überrascht. Nach kurzer Zeit mussten die U-Bahn-Ausgänge gesperrt werden, da die Zahl der Teilnehmer so schnell wuchs. Zehntausend kamen zusammen. Was tun? Absprachen mit der Polizei waren nötig, um die Organisation des Streiks und der Kundgebungen aufrechtzuerhalten. Der Demonstrationszug ging vom Bundeswirtschaftsministerium zum Kanzleramt, prominente Stimmen unterstützten uns: Bully Herbig, Maja Göpel, Musikbands. Dem Bundeswirtschaftsminister Peter Altmaier hatten wir einen Auftritt auf unserer Bühne verweigert. Journalisten kamen auf uns zu, wollten Statements. Plötzlich standen wir in der Öffentlichkeit, ohne darauf vorbereitet zu sein. Aber es war klar: Wir müssen weitermachen, jetzt ist die Zeit da, in der wir Menschen erreichen und ihnen deutlich machen können, dass wir alles Menschenmögliche unternehmen müssen, um die Klimakrise einzudämmen.

Parallel zu dem Streik in Berlin wurde in anderen Städten in Deutschland demonstriert. Dass in einigen so viele Menschen zusammenkamen, gab uns allen viel Motivation.

Im März riefen wir – so wie rund um den Globus viele andere Jugendliche – zu Protesten auf. In Deutschland kamen 300 000 Menschen zusammen, um für die Einhaltung der Klimaziele zu protestieren. Weltweit waren es Millionen. In diesen Wochen wurde deutlich: Fridays for Future wird in allen Teilen der Welt gehört – trotz der gezielten Falschinformationen von Politikern wie US-Präsident Donald Trump, der keinen Tag vergehen ließ, die Klimakrise als Lüge, als Fake News, zu bezeichnen.

Wehren müssen wir uns leider nicht nur gegen Klimawandelleugner. Einige Medien spitzen in ihrer Berichterstattung über Fridays for Future sehr stark zu. Das befeuert auch einen Hass, den Aktivistinnen wie Pauline, Jördis, Luisa und ich immer wieder zu spüren bekommen, häufig natürlich anonym, durch Äußerungen im Netz. Wir werden als «Ökofaschisten» beschimpft, die eine «Öko-Diktatur» erzwingen wollen, als «Spinner» und als «arme verirrte Mädchen». Da wir Frauen sind, bleibt es nicht bei Beleidigungen, die allein schon schwer zu ertragen sind. Die Androhung von sexualisierter Gewalt kommt hinzu. Das erleben viele Aktivistinnen. Wir haben uns angewöhnt – antrainiert, könnte man auch sagen –, dem Hass möglichst keinen Raum zu geben.

Aber zum Glück gibt es nicht nur diese extremen Reaktionen. Luisa, Pauline und ich erhalten auch Rückmeldungen von Menschen, die sich durch unser Engagement ermutigt fühlen. Das hilft, sich innerlich gegen Hasskommentare zu rüsten. Ich möchte dazusagen: Es gibt viele Fridays-for-Future-Aktivist*innen, die sich mutig einsetzen und in Kauf nehmen, Hass auf sich zu ziehen. Da sie weniger in der Öffentlichkeit stehen, kommen bei ihnen aber viel weniger positive Rückmeldungen an.

Das macht es schwer, eine Balance zu finden. Frauen wie Jördis Thümmler sind für mich bewundernswert, weil sie großen Mut zeigen. Jördis hat eine Fridays-for-Future-Gruppe im sächsischen Freiberg gegründet. Dort sitzen nicht nur Klimaskeptiker im Stadtrat, was den Einsatz für wirksamen Klimaschutz schon erschwert – es gibt bei Klimastreiks auch regelmäßig Nazi-Proteste, tätliche Angriffe, Bedrohungen und Beleidigungen.

Abgesehen davon, dass ich Jördis dafür bewundere, dass sie sich nicht einschüchtern lässt, habe ich durch Aktivist*innen wie sie gelernt, dass der Einsatz für Klimagerechtigkeit auch bedeutet, sich gegen Rechtsextremismus zu engagieren und gegen Menschen aufzustellen, die uns das Recht nehmen wollen, friedlich für unsere Ziele, für eine klimagerechte, demokratische Zukunft einzutreten. Als Jugendprotestbewegung kämpfen wir für eine gerechtere Gesellschaft.

Wir befinden uns als dezentral organisierte Bewegung gerade in einem Wandlungsprozess. Es geht darum, die Aufgaben anders zu verteilen, mehr unterschiedliche Personen und Positionen in die Öffentlichkeit zu bringen, es bedeutet auch einen gewissen Schutz für Aktivist*innen, wenn die Medien über Angriffe auf Fridays-for-Future-Aktivist*innen in ostdeutschen Bundesländern oder Aktivist*innen of Color berichten – das geschieht zu selten.

Wir bauen außerdem Strukturen auf, die helfen sollen, sich gegen Bedrohung zu wehren. Inzwischen haben wir ein Netzwerk an Organisationen, die Unterstützung leisten können, wenn Aktivist*innen Hass im Netz erfahren. Wir wollen nicht verschweigen, wie oft wir mit Kommentaren angegriffen werden. Das finde ich wichtig, denn es geht vielen Frauen so – und Hater fühlen sich umso sicherer, wenn keiner darüber spricht.

Letztlich sind wir als Bewegung in einem ständigen Wandlungs- und Lernprozess. Nach den ersten Monaten im Jahr 2019, die sehr stark davon geprägt waren, wie wir uns überhaupt organisieren und Klimastreiks planen, kam dann im Mai 2019 im Zuge der Europawahlen eine Phase, in der es darum ging, unsere Positionen klarer zu formulieren. Pauline Brünger und ich haben uns in dieser Zeit sehr viel besprochen. Der enge Austausch mit anderen Aktivistinnen und Aktivisten ist wichtig, weil klar werden soll, dass wir an verschiedene Wege glauben und Fridays for Future nicht *den* einen Weg vorgibt, um Klimagerechtigkeit zu erreichen. Ich denke, das Besetzen von Bäumen in einem Wald, der abgeholzt werden soll, ist genauso richtig und legitim wie das Engagement anderer Aktivistinnen und Aktivisten in Parteien. Manche setzen sich verstärkt für Gespräche mit Politikern und zum Teil auch mit Unternehmen ein. Ich bin davon überzeugt, dass es eine gewisse Distanz zu den Institutionen braucht, die uns überhaupt erst in diese Klimakrisenrealität gebracht haben. Mir liegt in diesem beständigen Wandlungsprozess sehr an Ehrlichkeit und dem kritischen Austausch – und ich weiß, dass ich mich auf Wegbegleiterinnen wie Pauline, Luisa und Jördis verlassen kann.

Dieses Verhältnis zueinander war auch für ein anderes Thema wichtig, mit dem wir uns seit etwa einem Jahr kritisch auseinandersetzen. Zu Recht wurden Fridays-for-Future-Aktivist*innen nach den ersten Monaten, in denen wir in Europa viele Menschen mobilisieren konnten, gefragt: Wie kann es sein, dass vor allem weiße Menschen aus dem globalen Norden für Klimagerechtigkeit eintreten und so viel Gehör finden? Und das, während im globalen Süden Aktivist*innen schon seit Jahren für wirksamen Klimaschutz eintreten und vor allem: längst in ihren Lebensverhältnissen davon betroffen sind. Während hier in Europa oft darüber diskutiert wird, ob Klimaschutz unserer Gesellschaft den Wohlstand raubt, ist es mir wichtig zu betonen, wie deutlich die Klimakrise in einigen Teilen der Welt schon jetzt spürbar ist. Die Kritik war angebracht, und deshalb ist es entscheidend, dass wir unsere Weichen anders stellen.

Im letzten Jahr habe ich viel von Aktivistinnen in anderen Ländern gelernt. Wir wollen mehr Raum schaffen, damit Frauen wie Mitzi Jonelle Tan, die Teil der Bewegung «Youth Advocates for Climate Action Philippines» ist, hier in Deutschland gehört werden. Denn während wir in einem System leben, das uns Sicherheit und Freiheit bietet, nimmt sie viele Risiken in Kauf, um sich für Klimagerechtigkeit einzusetzen. Sie ist jemand, der nie müde zu werden scheint und Online-Meetings mit uns macht, während sie gleichzeitig in einer Suppenküche arbeitet und Menschen versorgt, die durch Extremwetter alles verloren haben. Das Engagement von Frauen wie Mitzi oder Vanessa Nakate aus Uganda lässt mich meinen Aktivismus und mich selbst regelmäßig hinterfragen und ermöglicht mir einen schärferen Blick dafür, was wir für selbstverständlich halten, und auch für die Frage: Wie ehrlich bin ich zu mir selbst? Welche Privilegien habe ich als weiße Aktivistin in Deutschland? Was tue ich, was wirklich der Sache dient? Was ist als Nächstes wichtig? Aktivistinnen wie Vanessa Nakate oder Mitzi Jonelle Tan zuzuhören macht die Welt größer. Ich kann das nur jedem empfehlen – auch im Stadtrat von Freiberg.

GISA PAULY

GISA PAULY ist eine der erfolgreichsten Krimiautorinnen Deutschlands. Geboren wurde sie 1947 im westfälischen Gronau. Als sie zwei Jahre alt war, zog die Familie nach Münster, wo Gisa Pauly bis heute lebt.

Ihr erstes Buch «Mir langt's! Eine Lehrerin steigt aus» erschien 1994 – eine kritische Auseinandersetzung mit dem Schulbetrieb.

Seit dieser Zeit ist Gisa Pauly als freie Schriftstellerin und Autorin tätig, schreibt Romane, Artikel, Drehbücher, Kurzgeschichten und Kinderbücher.

Sie wurde vielfach ausgezeichnet, und die Bände ihrer Krimireihe «Mamma Carlotta», die auf der Nordseeinsel Sylt spielt, haben sich hunderttausendfach verkauft.

Meine Wegbegleiterinnen – und der Wille, das eigene Leben zu verändern

Die wichtigen Frauen in meinem Leben sind heute meine Tochter, meine Leserinnen, meine Freundinnen – und ganz besonders eine Freundin, die immer meine erste Leserin ist, noch bevor ich ein fertiges Manuskript an den Verlag gebe.

Wenn ich gedanklich in der Zeit zurückkreise, sah es anders aus. Es gab viele Jahre lang keine Frau in meinem Leben, die mich inspiriert oder ermutigt hätte, meiner inneren Stimme zu folgen.

Heute finde ich es enttäuschend, damals habe ich es gar nicht erwartet. Erst später wurde mir klar, dass es immer etwas gegeben hatte, was mir fehlte. Aber nach und nach ist aus dieser Lücke eine Kraft entstanden. Und es ist nicht wichtig, am Ende aufzurechnen: Freude gegen unschöne Erfahrungen. Die Freude ist für mich der Sinn des Lebens – die Freude am Schreiben, auch die Freude darüber, dass ich meine Zeit nicht vergeudet habe mit Dingen, die ich eigentlich nicht wollte.

Ich hätte mir natürlich gewünscht, dass es Frauen gibt, die mich darin bestärken, mein Leben zu verändern, mich ganz dem Schreiben zu widmen. Falls man es als Prüfung bezeichnen kann, dass es nicht so war, habe ich sie wohl gut bewältigt. Und so sind auch Frauen in mein Leben getreten, die ich sonst wohl nie kennengelernt hätte.

Ich traf die Entscheidung, vom Schreiben leben zu wollen, vor rund dreißig Jahren. Ich wusste nicht, was mich erwarten würde. Frei fühlte ich mich trotzdem. Auch befreit. Meine Tätigkeit als Lehrerin hatte mich schon lange nicht mehr ausgefüllt. Während ich bei manchen Kolleginnen, denen es ähnlich ging, erlebte, dass sie den Schulstoff mechanisch abarbeiteten, wurde mir klar: Das, wonach ich suche, ist nicht in einem Klassenzimmer zu finden.

Ich kündigte. Die überwiegende Mehrheit in meinem Umfeld fand diesen Schritt haarsträubend. Zu den kritischsten Stimmen gehörte meine Mutter. Sie war schockiert, dass ich auf die Sicherheit verzichtete, die eine Lehreranstellung bedeutete – und fand es beschämend, dass ihre Tochter einen anerkannten Beruf aufgab. Viele Töchter ihrer Freunde und Bekannten waren ebenfalls Lehrerinnen. Plötzlich schien sie nicht mehr dazuzugehören, wenn sie sagen musste, dass ihre Tochter demnächst mit einem künstlerischen Beruf ihr Geld verdienen wollte. Manchmal sah sie mich an, als hätte ich beschlossen, im Zirkus aufzutreten. Für meine Mutter war es ein Affront ihr gegenüber, dass ich nicht mehr dazugehören wollte. Freischaffende Autorin, das schien ihr gefährlich nahe am Abgrund. Was, wenn ich scheitern würde? Wie sollte sie das dann erklären? Da wäre es schon besser gewesen, in Zukunft nur noch Hausfrau sein zu wollen. Das wäre ihr verständlich gewesen. Ein Schwiegersohn, der beruflich erfolgreich ist, eine Tochter, die es nicht nötig hat, Geld zu verdienen. Alles wäre in Ordnung gewesen!

Aus heutiger Sicht, mit Abstand, würde man sagen: In der Sichtweise meiner Mutter bündelte sich das Gegenteil von Selbständigkeit und Unabhängigkeit. Die Angst vor dem sozialen Makel, der möglicherweise entstehen würde, wenn ich auf meinem neuen Weg nicht weiterkäme, wog für sie fast so schwer wie ihre Sorge, dass ich mich aus sicheren Strukturen löste. Dass diese Strukturen für mich ungesund waren, mich auslaugten und der Lehrerberuf mich nicht mehr ausfüllte und glücklich machte, das konnte sie nicht sehen, das zählte nicht.

Ich erzähle diese Geschichte, weil ich es wichtig finde, Frauen zu ermutigen – gerade wenn alle anderen im persönlichen Umfeld in den Strukturen verharren, die vorgegeben sind. Manche können, andere wollen vielleicht auch nichts anderes sehen.

Oft spielen Angst und Sorge eine Rolle, aber auch sie entstammen einer strukturellen Ungleichheit zwischen Männern und Frauen. Meine Mutter zum Beispiel steckte so fest in diesem Konstrukt aus Sicherheitsdenken, dass sie sich einfach nichts anderes für eine Frau vorstellen konnte. Sie war darin verhaftet, im buchstäblichen Sinne. Und es ging gar nicht nur um mich persönlich, sondern vor allem darum, dass aus ihrer Sicht Frauen bestimmte Wege vorbehalten waren und Männern andere, in denen es eine größere Rolle spielte, das eigene Leben selbst zu gestalten.

Heute ist manches anders, hört man oft. Es stimmt. Und das ist gut. Aber diese Veränderungen, die Freiheiten, die Frauen haben, müssen auch bewahrt und verteidigt werden. Sie sind keine Selbstverständlichkeit. Dessen muss man sich bewusst sein, und auch deshalb erzähle ich meine Geschichte.

1994 erschien mein erstes Buch. Danach fasste ich die Entscheidung, nichts mehr zu verschieben. Meine Schwestern reagierten mit einer Mischung aus Unverständnis und Gleichgültigkeit, ich hörte nur ein kühles «Na, dann versuch es mal». Auch sie hielten mir vor: Gesichertes Einkommen, geregelte Arbeitszeiten, strukturierter Alltag, alles im Griff – warum gibst du das auf? Sie konnten nicht verstehen, zu was es nutze sein sollte, etwas Neues zu versuchen. Ein Beruf hatte für sie auch nicht denselben Stellenwert wie für mich, erst recht nicht die Bedeutung, die Männer in ihrem Beruf sehen.

Aus meinem Kollegenkreis gab es genauso wenig Zuspruch. Keine meiner Kolleginnen wünschte mir Erfolg. Viele beneideten mich darum, dem ungeliebten Beruf den Rücken kehren zu dürfen, andere hatten kein Verständnis für meinen Wunsch. Aber auch diejenigen, die vorher über die schwierigen Schüler und die viele Arbeit gestöhnt und geklagt hatten, wollten, als mein Ausstieg in der Öffentlichkeit diskutiert wurde (in Talkshows und Zeitungsartikeln), nichts mehr davon wissen, dass sie jemals davon geträumt hatten, den Lehrerberuf aufzugeben. Nein, mit einem Mal war ich eine Nestbeschmutzerin, eine Lehrerin, die ihre Schüler im Stich ließ, die für die jungen Menschen, für die ich doch Lehrerin geworden war, nicht länger Verantwortung übernehmen wollte. Aber auch das fällt ja wieder in das Rollenbild: Frauen, die zuallererst ihrer sozialen Verantwortung gerecht werden sollen.

Ich selbst denke, dass Biographien, in denen man sich entwickelt und verändert, ein gutes Modell sind. Das bedeutet, dass man in jeder Phase sein Bestes gibt, dann aber auch weitergehen darf. Der fehlende Zuspruch war auch ein Ansporn: Jetzt erst recht!

Es ist seither kaum ein Tag vergangen, an dem ich nicht geschrieben habe. Ob Wochenende, Ferienzeit, Feiertage, Ostern, Weihnachten, Neujahr – ich finde immer Zeit. Ich liebe diese Freiheit, jederzeit meine Gedanken aufschreiben zu können, und auch die Freiheit, zu arbeiten, wo ich möchte.

Diese Selbstbestimmtheit ist wertvoll. Sie erfordert auch Selbstdisziplin, natürlich. Beim Schreiben der Bücher gibt es Phasen, in denen es nicht sofort rundläuft. Zudem ist es für mich wichtig, in der Geschichte zu bleiben, bis sie fertig ist. Ich könnte nie zwei, drei Wochen Pause machen und dann weiterschreiben. Ein Urlaub ohne ein paar Stunden, die ich meinem Roman widme? Kann man mit mir nicht machen.

Schon bevor ich meine Stelle als Lehrerin aufgab, hatte ich Kontakte zu einigen Redaktionen geknüpft. Offen gesagt, mir war es anfangs fast egal, für wen ich schreibe. Ich wollte mich als Autorin entwickeln, Geld verdienen, finanziell unabhängig sein – auch von meinem Mann, auf dessen Schultern ja nicht alles landen sollte. Er war im Übrigen der Einzige, der positiv reagierte, der mich unterstützte und mir Mut zusprach. «Du schaffst das.»

Ich schrieb viel für illustrierte Wochenzeitschriften: Hochadel, Hollywood, Unterhaltung. Thematisch war ich nicht gebunden, es ging darum, einen Anfang zu finden und sich ein Netzwerk aufzubauen. Ob andere meine Themen anspruchsvoll genug fanden, das kümmerte mich nicht – für mich waren sie gut. Ich steckte den Rahmen, in dem ich mich bewegte, selbst ab. Das zählte.

Einem Redakteur gefiel eine Kurzgeschichte, die ich geschrieben hatte, eine Mischung aus Krimi und Lovestory. Daraus wurde eine Reihe, die sich über viele Ausgaben fortsetzte – und so baute ich mir über die Jahre immer mehr auf. Ich schrieb einige Bücher, schon recht erfolgreich, auch Drehbücher. Jahrelang gehörte ich zum Stamm der Drehbuchautoren für eine Fernsehserie und schrieb jeden Monat ein Drehbuch. 2007 erschien dann «Die Tote am Watt», mein erster Sylt-Krimi.

Ich verdiente mit dem Schreiben inzwischen gut. Es gab viele Leserzuschriften, vor allem von Frauen, die «Die Tote am Watt» gelesen hatten und mir erzählten, wie sehr sie die Figur der Mamma Carlotta mochten. Das hat sich bis heute nicht geändert. Gerade ist der fünfzehnte Band erschienen, viele Leserinnen und Leser fühlen sich der Familie Wolf auf Sylt, dem verwitweten Kommissar, seinen Kindern und der italienischen Schwiegermutter, verbunden. Als wäre es ihre eigene Familie.

Meine Mutter und meine Schwestern konnten sich nie ganz von ihrer Skepsis lösen. Auch dann nicht, als ich immer erfolgreicher wurde. Gerade für meine Mutter war es fast schon ärgerlich, wenn andere sie auf mich ansprachen und begeistert von meinen Büchern erzählten. Eine Pflegerin des Seniorenwohnstifts, in dem sie lebte, brachte ihr einmal einen Zeitungsartikel über mich mit, weil sie glaubte, meine Mutter würde sich darüber freuen. Aber ihr war das regelrecht peinlich. Verbunden geblieben sind wir uns trotz allem, ich wohnte in ihrer Nähe und besuchte sie viel. Aber es war eine komplizierte Beziehung.

Sicher haben diese Erfahrungen dazu beigetragen, dass ich mich immer darum bemüht habe, meiner Tochter zu vermitteln: Egal, was du machst – Hauptsache, du wirst glücklich. Inzwischen habe ich Enkelkinder, um die ich mich sehr gerne kümmere, und auch an sie möchte ich diese Lebenshaltung weitergeben. Ohne mich aber einzumischen oder meiner Tochter zu sagen, wie sie ihr Familienleben gestalten sollen, ohne lenken zu wollen. Damit hatte ich selbst genug zu kämpfen.

Es ist ungeheuer wichtig, andere in ihren Entscheidungen zu bestärken, gerade wenn es um große Veränderungen geht. Das Bedauern, es nicht versucht zu haben, ist später sicher schwerer auszuhalten, als wenn man auch mal scheitert oder nicht mit allem Erfolg hat. Diese Momente hat es auf meinem Weg natürlich auch gegeben. Nicht jeder Text wurde anfangs gedruckt. Ich schrieb einen Gesellschaftsroman – jeden Abend, über Jahre –, der zum Schluss über tausend Seiten lang war, nur um am Ende festzustellen, dass die Handlungsstränge überhaupt nicht zueinanderpassten. Ich ließ das Manuskript in einer Schublade verschwinden. Aber ich wusste auch, dass ich diesen Roman nicht vergeblich geschrieben hatte. Später wurde mir klar, dass ich durch ihn gelernt habe, gute Dialoge zu schreiben.

Inzwischen hat sich in meinem Leben noch mehr verändert. Immer gibt es ja auch Entscheidungen, die wollen nicht, die müssen getroffen werden. Ich weiß, dass es für viele schwierig ist, etwas Gewohntes aufzugeben, für Frauen noch mehr als für Männer, scheint mir. Dabei geht es dann oft gar nicht darum, etwas Besseres hinter sich zu lassen, sondern nur darum, das Bisherige beizubehalten, ohne überhaupt darüber nachzudenken, ob das Alte wirklich so gut ist oder etwas Besseres kommen könnte.

Mir wurde klar, dass mein Mann, der schwer erkrankt ist, von mir allein nicht länger versorgt werden konnte und in einem Pflegeheim besser aufgehoben war. So verabschiedete ich mich von dem Haus, in dem wir viele Jahrzehnte zusammen gelebt hatten, und zog in eine kleinere Wohnung in der Innenstadt von Münster.

Als ich die Umzugskartons packte, entdeckte ich in meinem Arbeitszimmer das lange Manuskript wieder. Ich fühlte mich zurückversetzt in die Zeit, in der ich als Autorin Fuß fasste, nachdem ich mich aus Strukturen gelöst hatte, die für mich nicht funktionierten. Ich war keinen Augenblick lang frustriert oder enttäuscht, dass aus diesem ersten Roman nie etwas geworden ist. Er war Teil meiner Entwicklung, mir die Freiheit zu nehmen, die ich brauche, und darüber nachzudenken, wer ich eigentlich sein will.

Ich hielt die vielen Seiten nicht lange in den Händen, las auch keine Zeile. Das Manuskript wanderte ins Altpapier, es war kein schwerer Abschied. Ich bin da angekommen, wo ich sein möchte.

RIA SCHRÖDER

RIA SCHRÖDER ist seit 2018 Bundesvorsitzende der Jungen Liberalen, im darauffolgenden Jahr wurde sie Beisitzerin im Bundesvorstand der Freien Demokraten. Sie ist Stellvertretende Landesvorsitzende der FDP Hamburg, trat 2017 als Kandidatin für die Bundestagswahlen an – und auch 2021.

Geboren 1992, wuchs Ria Schröder in Rheinland-Pfalz auf. Sie studierte in Hamburg Rechtswissenschaften, nach dem ersten juristischen Staatsexamen begann sie ein Studium der Kunstgeschichte. Heute ist sie Rechtsreferendarin und arbeitet in einer Hamburger Kanzlei für Datenschutz- und IT-Recht.

Meine Freundin Saskia –
und wie man an Stärke gewinnt, wenn
man auch mal Schwäche zeigt

Kennengelernt haben wir uns, weil mir ein Schlafplatz auf ihrer Couch angeboten wurde. Da kannte ich Saskia noch gar nicht oder nur aus Erzählungen. Es war eine dieser typischen Eine-hilft-der-anderen-Geschichten, aus denen Gutes entsteht, manchmal sogar Freundschaften.

Mein damaliger Freund kannte Saskias Freund. Wir waren alle Anfang zwanzig und engagierten uns bei den Jungen Liberalen. Ich kümmerte mich, das war 2015, ehrenamtlich um die Organisation der Veranstaltungen und Seminare, von denen einige in Berlin stattfanden.

Mein Freund und ich lebten damals – so wie heute noch – in Hamburg. Ich hatte angefangen, Jura zu studieren, und dafür ein Stipendium erhalten. Neben dem Engagement bei den JuLis blieb nicht viel Zeit für einen Nebenjob, das Geld war also eher knapp. Ich war froh über das Angebot, einen Schlafplatz in Berlin zu haben. So konnte ich mir die Hotelkosten sparen.

Ich kam spätabends mit dem Zug aus Hamburg an. Der Winter war noch nicht vorbei, die feuchte Kälte zog bis in den Hauptbahnhof hinein. Zum Glück war es nicht weit bis zu Saskias Wohnung, und so begegneten wir uns zum ersten Mal: nach langer, weil verspäteter Zugreise und, was mich anging, ziemlich verfroren und müde. Aber die Müdigkeit verging schnell.

Saskia öffnete eine Flasche Wein, und wir unterhielten uns an diesem Abend noch lange. Dabei stellten wir fest, dass wir bei unserem Engagement künftig einige Berührungspunkte haben würden, denn Saskia arbeitete als studentische Hilfskraft in der Geschäftsstelle der JuLis. Das schuf gleich eine gemeinsame Ebene. Aber vor allem hatte ich sofort das Gefühl, dass unser Verhältnis wunderbar unkompliziert war, obwohl wir uns ja eigentlich gar nicht kannten. Ich mochte Saskias offene Art: «Fühl dich wie zu Hause», «Wann willst du morgens los?», «Ich kann mit dir noch ein Stück zusammen gehen».

Um einige Veranstaltungen kümmerten wir uns in den folgenden Monaten gemeinsam, unter anderem stand das Sommerfest der Jungen Liberalen auf dem Plan. Warum Saskia und ich gut zusammenarbeiten, ist schnell erklärt: Wir schätzten die Sichtweise der anderen. Gerade auch, weil wir uns nicht immer sofort in allem einig waren. Wir entschieden über Veranstaltungsorte, Gästelisten, Musik; die einzelnen Punkte sind im Grunde gar nicht wichtig, sondern: dass wir uns gegenseitig bestärkten und auch mit all dem, was nicht so lief wie geplant, gut umgingen. Mal sagte im letzten Moment die Rednerin oder der Redner ab, mal fiel kurzfristig ein Veranstaltungsort aus, dann wieder war ein Seminar überbucht. Mir machte es Freude, solche Situationen gemeinsam anzupacken. Dabei waren wir nicht immer vollkommen entspannt, das möchte ich auf keinen Fall behaupten – aber wir hatten doch immer einen klaren Blick dafür, wie man eine Lösung finden könnte. Und den Ansatz, dass Politik Menschen ansprechen soll, dass es auch Spaß machen soll, sich mit politischen Inhalten zu beschäftigen.

Saskia ist sehr zielgerichtet, schreckt nicht vor unbequemen Situationen zurück. Uns schweißte in dieser Zeit auch zusammen, dass wir den politischen Hauptstadtbetrieb inklusive Journalisten, Abgeordneten, Aktivisten gemeinsam etwas besser kennenlernten. Aus der Perspektive der Jüngsten. Aus der Perspektive von Frauen.

Während meines Engagements in Hamburg im Wahlkampf 2017 hatte ich schon öfter erlebt, wie sehr es Menschen erstaunt, eine junge Frau als Vertreterin einer Partei zu sehen. Die Frage, wo denn der Kandidat der FDP sei, kannte ich schon. Ebenso wie die, ob ich hier Praktikantin sei. Ich gehe nicht davon aus, dass die Menschen, die mich fragten, mich bewusst abwerten wollten. Sie folgten nur leider einfach dem gewohnten Bild: Politiker sind in den Augen vieler Menschen männlich, weiß, über vierzig Jahre alt. Und ob gewollt oder nicht, ist es natürlich abwertend, dass man als Frau generell unterschätzt wird.

Gerade bei Veranstaltungen, bei denen Vertreter mehrerer Parteien zusammenkamen, trat der Unterschied besonders zutage: Ich, oft die einzige junge Frau – neben den älteren Kandidaten der anderen Parteien.

In Berlin wiederum bekamen Saskia und ich mit, wie stark die Strukturen in der FDP männlich geprägt sind. Oder auch in anderen Parteien. Und wie viele Medienvertreter Männer sind. Daraus ergibt sich natürlich eine männlich dominierte Perspektive.

Keine Frage, es gibt Frauennetzwerke, die sehr hilfreich sind. Aber das Problem liegt nicht bei den Frauen, sondern bei Männern, die sich Veränderungen verweigern. Das Fazit dieser ersten Monate: dass Männer einen erstaunlichen Vertrauensvorschuss genießen, während junge Frauen eigentlich immer mehr Gas geben, härter arbeiten, einen Tick besser sein müssen, um dasselbe zu erreichen.

Nach diesen Erfahrungen stellte ich mir die Frage: Gibt es Frauen, die mich beeindrucken? Die ich gut finde? An denen ich mich orientieren möchte?

Sabine Leutheusser-Schnarrenberger kommt mir ganz unmittelbar in den Sinn. Im Dezember 1995 kündigte sie aus Protest gegen die geplante akustische Wohnraumüberwachung im Rahmen des sogenannten Großen Lauschangriffs ihren Rücktritt an. Die FDP, ihre Partei, hatte die akustische Wohnraumüberwachung in einer Mitgliederbefragung befürwortet. Sie blieb bei ihrer Haltung. Als Bundesjustizministerin legte sie 1996 ihr Amt nieder. Das zeigt echte Größe. Gerade weil viele Politiker sich an ihre Ämter klammern und ihre Überzeugungen dafür aufgeben – zum Teil wahrscheinlich gar nicht mehr wissen, wie ein Leben ohne Sitz im Bundestag geht.

Saskia und ich nahmen in den Jahren 2015 bis 2018 an einigen Demonstrationen für digitale Bürgerrechte und gegen Überwachung teil. Wir knüpften neue Kontakte, diskutierten mit Menschen, die wir vorher nie getroffen hatten, und stießen natürlich auch auf Gegenmeinungen. Ich las damals viele Interviews mit Sabine Leutheusser-Schnarrenberger, sie war für Saskia und für mich eine Schlüsselfigur – gerade in einer Partei, in der die hohen Positionen überwiegend mit Männern besetzt sind.

Als junge Frau in der Politik wird man immer wieder mit der Frage konfrontiert, welches Frauenbild man verkörpert und ob man ein Vorbild für andere junge Frauen sein möchte. Ich selbst bin häufig danach gefragt worden – und natürlich will ich andere Frauen ermutigen. Nicht nur, sich politisch zu engagieren, sondern in allen Bereichen des gesellschaftlichen Lebens sichtbar zu sein. Mit ihrer Meinung. Ihrer Arbeit. Den Themen, die ihnen wichtig sind. Kevin Kühnert dagegen wird sicher nicht so oft gefragt, ob er ein Vorbild für junge Männer sein will. Es geht bei Frauen nicht nur um Inhalte, sondern immer auch um ihre Position, die nicht als selbstverständlich erachtet wird, sobald sie einmal erreicht ist.

Zu reflektieren, wofür ich als Frau in der Öffentlichkeit stehe, ist ein fortwährender Prozess. Auch als Freundinnen entwickeln Saskia und ich uns darin weiter. Gemeinsam haben wir das Female Future Forum der JuLis entwickelt, das Frauen inspirieren, ermutigen und dabei unterstützen soll, Netzwerke aufzubauen.

Ich will aber auch Männer dazu anregen, über ihr Rollenverständnis und über Chancengleichheit nachzudenken, und denjenigen Männern, die in Machtpositionen sind, sagen: Es gibt eine Verantwortung für alle.

Und es ist wichtig, den Blick zu öffnen. 2017, im Zuge der #MeToo-Bewegung, wurde ich oft von Männern im Freundeskreis nach meiner Meinung gefragt, auch danach, ob und wo ich Grenzverletzungen erlebt habe. Ich fand dieses Interesse gut, den Wunsch, sich mit dem Anliegen der Bewegung auseinanderzusetzen und einen Perspektivwechsel zu vollziehen. Ich sagte meinen Freuden aber auch: Es geht hier nicht nur um die Diskussion darüber, was Einzelne erlebt haben und wie es ihnen damit geht. Die konkrete Aufforderung an alle Männer lautet: Werdet euch bewusst, dass ihr es seid, die die vorherrschenden Strukturen verändern können. Time's up.

Auch Michelle Obama erklärte ihre Unterstützung für #MeToo. Die Bewegung, sagte sie, sei für die nächste Generationen junger Frauen ein Anstoß, um Veränderungen herbeizuführen und ihnen die Kraft zu geben, ihre Lebenswege selbst zu bestimmen. Und dass sie sich entschieden habe, sich zu engagieren, weil es gar keine andere Wahl gebe: Junge Frauen hätten es satt, nicht gehört und unterbewertet zu werden, und dass nicht mehr in ihre Ausbildung und Zukunft investiert werde.

Saskia und ich sprachen viel über #MeToo, nahmen auch an einigen Demonstrationen und Kundgebungen teil. Dass sich so viele Frauen öffentlich über wiederholten männlichen Machtmissbrauch äußerten, über sexuelle Belästigung, das Ausnutzen von Strukturen, die Männer stärken und Frauen schwächen, empfand ich als eine Verpflichtung. Über den Moment hinaus, in dem man mit demonstriert oder Inhalte teilt. Saskia ging es ähnlich.

Welche Schlüsse können wir aus dem Zustandekommen dieser Bewegung ziehen? Wie kann man Strukturveränderungen schneller herbeiführen? Und welche Frauen stehen für Macht, ohne sich einem Führungsstil angepasst zu haben, der von Männern geprägt ist?

Die neuseeländische Premierministerin Jacinda Ardern ist eine Frau, die ich in diesem Zusammenhang bewundere. Sie lebt vor: Man kann freundlich sein und trotzdem mächtig, kann Verantwortung tragen, stark sein und Wärme ausstrahlen. Sie zeigt Klarheit in ihrer Haltung, zugleich Menschlichkeit und vor allem auch, dass sie eine Frau ist. Wie viel Jacinda Ardern verändert hat, als sie kurz nach ihrer Ernennung zur Chefin der neuseeländischen Labour Party auf die Frage eines Journalisten, ob sie plane, Kinder zu haben, antwortete: Das sei heutzutage keine Frage mehr, die einer Frau am Arbeitsplatz gestellt werden sollte. Oder 2017, als sie das Amt der Regierungschefin übernahm und drei Monate später erklärte: Ich werde Premierministerin und eine Mama sein. Wie viel Strahlkraft diese Worte hatten.

Ähnlich empfinde ich, wenn ich Michelle Obama zuhöre, die klare Worte gegen Rassismus und Verleumdung findet, aber zugleich mit Innigkeit zum Ausdruck bringt, wie viel Zufriedenheit sich im Leben einstellt, wenn man seine eigene Stimme und Kraft erkennt.

2018 wurde ich zur Bundesvorsitzenden der JuLis gewählt und im Jahr darauf als Beisitzerin in den Bundesvorstand der Freien Demokraten. Ich war die erste Frau seit fünfundzwanzig Jahren, die den Vorsitz der JuLis übernahm, damals sechsundzwanzig Jahre alt. Als Stellvertretende Vorsitzende hatte ich schon einige Erfahrung gesammelt, dennoch spürte ich oft, wenn ich einen Raum betrat, dass da eine Frage in der Luft hing: ob ich meine neue Position einer Art Quotendenken verdanke.

Kaum ein Mann in der Politik musste sich je der Frage stellen, ob er ein bestimmtes Amt bekleidet, nur weil er ein Mann ist. Vieles hat sich in den letzten Jahren geändert – aber vieles auch nicht. Die Zeit als Vorsitzende war für mich eine weitere Stufe in meinem Realitätsabgleich.

Durch meine neue Aufgabe reiste ich noch öfter nach Berlin als zuvor, und ich übernachtete immer wieder bei Saskia und ihrem Freund. So ergab sich automatisch, dass ich viele neue Erfahrungen mit ihnen teilte. Nach Podiumsdiskussionen, Parteiveranstaltungen, Radio- oder Fernsehauftritten saß ich mit Saskia abends noch lange zusammen: «Wie war dein Tag?» – «War es stressig?» – «Ich hab dich im Radio gehört.» Und natürlich umgekehrt: «Wie war's bei dir?» – «Was denkst du über dieses und jenes?» Wir wuchsen als Freundinnen noch enger zusammen. Für mich war es eine intensive Zeit, in der ich vieles zum ersten Mal machte. Bei manchen Veranstaltungen war ich unsicher, vor allem vorher. War es dann so weit, ging es meistens. Ich merkte, wie wichtig es ist, eine Freundin zu haben, der man vertrauen und ohne Scheu auch von den eigenen Schwächen erzählen kann. Denn es gab durchaus Abende, an denen ich auf Saskias Couch saß und das Gefühl hatte, an diesem Tag alles falsch gemacht zu haben. Sich anderen unverstellt und echt zu zeigen gibt einem am Ende viel zurück.

Generell war es für mich eine wichtige Erkenntnis, dass es kein Zeichen von Schwäche ist, Unsicherheiten zuzugeben. Man fühlt sich schnell wieder stark und oft noch stärker, sobald man darüber reflektiert. Ich tue das auch öffentlich, sei es in Gesprächen oder auf Social-Media-Kanälen.

Ich will etwas Eigenes mitbringen in der Art, wie ich mich politisch engagiere: ein offenes Reflektieren über sich selbst und die Inhalte, für die man steht. Für ein anderes, menschlicheres Bild von Politikerinnen und Politikern, die zum Beispiel nicht auf den Tisch hauen oder laut sein müssen, um gehört zu werden. Das heißt nicht, dass ich Frauen in Watte packen möchte und dass wir uns alle in «Safe Spaces» bewegen sollten. Ich will Klarheit, unterschiedliche Haltungen, aber ich sehe keine Stärke darin, dass man sich anbrüllt, sich gegenseitig unterbricht, dominant auftritt. Natürlich kann man diese Strategien lernen: zum Beispiel einfach immer weiterzureden, auch wenn andere reinrufen. Aber wem bringt das alles am Ende etwas? Ich möchte das nicht.

Eine andere Erfahrung der letzten Jahre war, dass Frauen Fehler sehr viel länger nachhängen als Männern. Oder dass oft beide Augen zugedrückt werden, wenn ein Mann mal total danebenliegt. In der Politik? Da fällt mir spontan ein, wie wenig Widerspruch es gab, als der CDU-Politiker Philipp Amthor bei Clubhouse das Pommernlied sang

– und zwar, weil er damit die unangenehmen Fragen zu seinen zwielichtigen Aktivitäten bei Augustus Intelligence umgehen wollte. Der Journalist stellte ihn vor die Wahl: sich dazu zu äußern oder das Lied zu singen. Als Mitglied des Bundestages müsste sich Amthor darüber bewusst sein, dass er in einer Position ist, die ihn dazu zwingt, über seine Aktivitäten Auskunft zu geben. Tat er aber nicht.

Für die Parteikollegen? Kein größeres Problem.

Ich denke, für eine Frau wäre das anders ausgegangen. Da ist schnell Schluss mit der Solidarität. Wenn ich mir anschaue, wie Andrea Nahles von ihrer Partei in einer Krise allein gelassen wurde oder wie dünn die Unterstützung für Annegret Kramp-Karrenbauer als Parteivorsitzende war. Weder mit Nahles noch mit Kramp-Karrenbauer verbinden mich politische Inhalte oder Freundschaft, aber was ich nach diesen ersten Jahren, in denen ich mehr Einblick in den politischen Betrieb erhalten habe, ganz sicher sagen kann: Ich empfinde Solidarität mit jeder Frau im Politikbetrieb, die sich für demokratische Werte einsetzt. Und ich möchte etwas dafür tun, dass Frauen sich weniger anpassen müssen, um überhaupt gesehen zu werden und in Netzwerke reinzukommen.

Es ist durchaus möglich, dass ich mit meinem Ansatz, meinem menschlicheren, diverseren Bild von Politiker*innen, nicht jeden überzeugen kann. Das ist mir bewusst. Aber ich weiß auch, wie wichtig es ist, bei sich zu bleiben. Echt zu bleiben. Das muss auch eine Freundschaft vor allem anderen sein: echt.

Es wird wahrscheinlich noch viele Nächte geben, in denen Saskia und ich über all das diskutieren.

SENTA BERGER

SENTA BERGER glänzte in vielen Rollen. Während ihrer Jahre in Hollywood spielte sie in großen Kinoproduktionen, gemeinsam mit Charlton Heston, Yul Brynner, Dean Martin, Kirk Douglas und John Wayne. In Frankreich drehte sie 1967 mit Alain Delon. Ende der siebziger Jahre wandte sie sich ganz dem europäischen Film zu, arbeitete in Deutschland mit Regisseuren wie Volker Schlöndorff, Wim Wenders und Michael Verhoeven. In Italien, wo sie ebenso bekannt ist, unter anderem mit Mario Monicelli, Dino Risi, Franco Giraldi. Im Laufe ihrer Karriere, die mehr als sechs Jahrzehnte umspannt, wirkte sie in weit mehr als hundert Kinofilmen mit.

Senta Berger trat an Theatern wie dem Wiener Burgtheater, dem Berliner Schillertheater und dem Hamburger Thalia Theater auf und im Fernsehen als «Die schnelle Gerdi», als Mona in «Kir Royal» und als Kriminalrätin Eva Maria Prohacek in der Kriminalfilmreihe «Unter Verdacht». Sie wurde mit zahlreichen Preisen ausgezeichnet. In den Feuilletons der vergangenen Jahrzehnte las man über die Schauspielerin, über ihr Talent als Charakterdarstellerin, über ihre Schönheit und immer wieder über ihre Entscheidungsstärke.

Zusammen mit ihrem Ehemann Michael Verhoeven, mit dem sie seit mehr als fünfzig Jahren verheiratet ist, produzierte Senta Berger viele Kino- und Fernsehfilme. Ihre Söhne Simon und Luca sind ebenfalls erfolgreich im Filmgeschäft tätig.

Bekannt ist Senta Berger außerdem für ihr vielfältiges gesellschaftliches Engagement – dazu gehörte auch, schon Jahre vor der #MeToo-Bewegung, offen über sexuelle Missbrauchsversuche in der Filmbranche zu sprechen.

Geboren wurde Senta Berger 1941 in Wien. Als Sechzehnjährige wurde sie am renommierten Max-Reinhardt-Seminar aufgenommen, als bis dahin jüngste Studentin in der Geschichte der Schauspielschule.

Den folgenden Text hat Senta Berger selbst verfasst.

Meine Mutter –
und Liebe, Zivilcourage, Bescheidenheit

Ich denke immer an meine Mutter. Sie ist immer da. Immer an meiner Seite.

Sie ist nun schon zwanzig Jahre tot, aber meine Notwendigkeit, mit ihr zu sprechen, mit ihr zu teilen, ist immer noch stark.

Erst kürzlich habe ich meinen achtzigsten Geburtstag gefeiert und wurde mit Liebe überschüttet. Aber etwas fehlte, meine Mutter fehlte. Es macht gar keinen Spaß, achtzig zu werden, ohne ihr sagen zu können: Schau, es ist alles gut gegangen. Schau, Mutti, es ist was aus mir geworden. Schau, das Leben war gut zu uns.

Mit ihr teilen zu können fehlt mir am allermeisten. Mit ihr in der Küche zu stehen und gemeinsam zu kochen. Sie erzählt mir von ihrer Jugend, ihrer Kindheit und wie sie den Papa kennengelernt hat. Ich habe immer viel gefragt. Als Kind, auch später. Besonders in den Jahren, in denen ich dann meine Kinder bekommen habe und wissen wollte: Wo komme ich her? Wo werden meine Kinder hingehen? Welche Glieder in der Kette sind sie – und wie weit reicht diese Kette zurück?

Meine Mutter ist in Wien geboren. Sie war die älteste Tochter von fünf Geschwistern. Sie waren alle im Abstand von eineinhalb Jahren geboren. Fritzi, der jüngste Bruder, starb mit fünf Jahren an Lungentuberkulose.

Meine Mutter erzählte: «Wir haben zwei Stühle zusammengeschoben und ihn aufgebahrt ... Die Kirchenglocken haben geläutet. Wir haben mit dem Weinen nicht aufhören können.»

Die Tuberkulose war damals eine schreckliche Krankheit – besonders für die armen Leute. Keine Liegekur in einem Luftkurort. Kein «Zauberberg». Der Vater meiner Mutter lag mit Tuberkulose auf dem Sofa in der Küche und spuckte Blut in einen Eimer. Es gab keine Krankenversicherung, kein Arbeitslosengeld. Das Geld, das die Familie hatte, schmolz zusammen. Das Friseurgeschäft, das mein Großvater geführt hatte, musste verkauft werden. Er war Friseur und ein begabter Künstler, ein Perückenmacher fürs Theater. Die Familie zog nach dem Verkauf des Geschäfts in eine kleinere, dunkle Wohnung.

Als meine Mutter, die von ihren Geschwistern ein Leben lang «Resel» oder «Resi» gerufen wurde, vierzehn Jahre alt war, im März 1917 – es waren die schlimmsten Hungerjahre des Ersten Weltkrieges –, starb ihre Mutter, die schmale schöne Amalia, an einer Abtreibung. Sie hatte ihre älteste Tochter, die Resi, gebeten, sie zu einer Nachbarin zu begleiten.

Meine Mutter war vierzehn, aber sie hat gewusst, was die Nachbarin macht, damit nicht noch ein Kind mehr im Hause ist. Die Armut war groß. Die Nachbarin war eine «Engelmacherin» – wie man in Wien sagte. Ganz langsam hat meine Mutter ihre Mutter dann nach Hause gebracht, weil sie kaum stehen konnte. Vierundzwanzig Stunden später war sie tot. Blutvergiftung, Sepsis.

Meine Mutter stellte ihre Schultasche in die Ecke und begann ihre Geschwister zu versorgen und sich um den Vater zu kümmern.

Sie wurde der Anker für ihre Familie und blieb es auch. Sie war immer da. Sie hörte immer zu. Sie fand immer einen Ausweg. Das alles hat sie mir erzählt, als wir schon wieder gleich alt waren. Es ist ja so, dass eine Zeit kommt, in der man versteht. Das Leben der Eltern: dass sie einmal jung waren und unvernünftig und leidenschaftlich verliebt.

Das ist die Zeit, in der man gleich alt ist, bevor die Verhältnisse sich völlig umdrehen und man langsam zur Mutter der Mutter wird.

Ich habe meine Mutter als eine großartige Kindermutter in Erinnerung. Sie war voller Phantasie, konnte aus nichts etwas machen, aus einer Serviette einen Hasen mit Ohren, der mich zum Essen überreden wollte. Sie kannte alle Spiele, alle Reime, alle Kinderlieder. Wenn wir im letzten Kriegsjahr während der Luftangriffe im Bunker unseres Hauses saßen, erzählte sie uns ausgedachte Märchen. Sie war eine ganz schlechte Vorleserin – und für ihre Orthographie hat sie sich immer geschämt, sie hatte ja die Schule so früh verlassen müssen, um sich um die Familie zu kümmern. Aber sie konnte sich die abenteuerlichsten Geschichten ausdenken und mit großer Dramatik erzählen. Sie machte mit uns, das heißt mit mir und den anderen kleinen Kindern des Hauses, Fingerspiele: Das ist der Daumen, der schüttelt die Pflaumen ... der hebt sie auf ...

Sie hat uns beruhigt, wenn die Gläser klirrten und die Erde bebte, wenn die Bomben im Umkreis fielen. Wir sollten nicht weinen. Die Leute im Bunker waren so hysterisch, die vertrugen keine weinenden Kinder. Und wir weinten auch nicht.

Dem Blockwart, der die Kinder brüllend in den Bunker trieb und ihnen Angst machte, trat sie resolut entgegen, wie dem russischen Soldaten, der ihr die Schuhe von den Füßen reißen wollte, ihr einziges Paar Schuhe, das sie noch hatte. Wir waren beim Hasenfuttersammeln auf der Wiese. Auf dem Küniglberg. Da tauchte aus dem hohen Gras der russische Soldat auf. Plötzlich stand er vor uns. Wahrscheinlich wollte er mehr als die Schuhe meiner Mutter. Sie wehrte sich so stark, dass er wenigstens ihre Schuhe haben wollte, ihr einziges Paar. Ich klammerte mich an die Stiefel des Soldaten, und meine Mutter schlug mit einem ihrer Halbschuhe, den sie bereits verloren hatte, auf den Kopf mit den struppigen, kurzen Haaren ein. Schließlich lachte der junge Soldat und ließ uns laufen.

Courage hatte meine Mutter in jeder Lebenslage.

Meine Mutter erzählte mir einmal, dass sie gerne Kindergärtnerin geworden wäre. Natürlich war das ganz ausgeschlossen. Sie versorgte ihre Familie, bis sie, ja, bis sie meinen Vater traf.

Kennengelernt haben meine Eltern sich im Winter 1920 im Stadtpark. 1929 haben sie geheiratet.

Mein Vater war eine künstlerische Natur. Ein einsames Einzelkind. Seine Mutter war eine strenge, verschlossene Frau mit schmalem Mund. Wer weiß, woher sie den hatte und warum. Mein Opa, also der Vater meines Vaters, hatte sich vom Metallschleifer zum Meister eines kleinen Betriebs hochgearbeitet, er hatte zeitweilig zwei Arbeiter und einen Lehrling. Dennoch stand auf seinem Briefpapier «Fabrikant» – das war seiner Frau, meiner Oma, offensichtlich zu Kopf gestiegen, das hatte sie missverstanden. Sie trug nun immer Handschuhe und begleitete ihren Mann nicht mehr zu den billigen Heurigen, die mein Opa so liebte, wo er jedes Lied der Heurigensänger mitsingen konnte. Für meinen Vater schaute sie nach einer «guten Partie» aus und fand auch eine. Die Tochter eines Apothekers aus der Ungargasse.

Dann brachte ihr der Sohn, der Peperl, meine Mutter ins Haus. Eine kleine temperamentvolle Person, die gerne lachte und es wagte, in Gegenwart der Mutter ihren Kopf an Peperls Schulter zu legen.

Eine Frauensperson also, die nichts war und nichts hatte. Meine quirlige Mutter – temperamentvoll war sie bis zu ihrem Tod – muss für meine Oma ein Schreck gewesen sein, ein Einbruch in ihr kaltes, einsames Leben.

In der langen Zeit des «Miteinandergehens» war die Resi nur einmal den Berger-Eltern vorgestellt worden, ein Besuch, der für alle offenbar so peinvoll war, dass er nur nach der Hochzeit noch einmal wiederholt wurde – und dann nicht mehr. Bis zu meiner Geburt zehn Jahre später.

Meine Großeltern verliebten sich in mich. Ich sah in den ersten Jahren sehr meinem Vater ähnlich. Vielleicht war es das. Ich war ein sehr unbekümmertes, zutrauliches Kind und kletterte auf dem Schoß meiner Oma herum, ohne mich um ihre Schmallippigkeit zu kümmern.

Der Berger-Familie zugehörig fühlte sich meine Mutter nie. Sie war immer umgeben von ihren Geschwistern, von ihren Freunden und von deren Freunden. Das ist so geblieben, ihr Leben lang. Und ich, die Kleinste in der Familie – ich bin ja, wie man so sagt, ein spätes Kind, mein Vater war vierzig, meine Mutter schon achtunddreißig vorüber – wurde von ihren Schwestern und ihrem älteren Bruder, meinem Onkel Oskar, geliebt und verwöhnt. Diese glückliche Kindheit, deren äußere Umstände sehr bescheiden waren, ist mein Fundament. Bis heute. Das ist das große Geschenk meiner Mutter.

Wir beide haben gute und schlechte Zeiten miteinander erlebt. Wobei ich die schlechten Zeiten nicht als solche wahrgenommen habe.

Nach dem Tod meines Berger-Opas war plötzlich alles anders, aber ich habe das interessant gefunden, anders als bisher, aber nicht schlechter. Meine Mutter musste nun in dem kleinen Betrieb «Verchromung Josef Carl Berger» mitarbeiten, den mein Opa sehr ramponiert, aber doch hinterlassen hatte.

Ich wurde für einige Zeit ein Schlüsselkind.

Meine Mutter hielt die Vorstellung nicht aus, dass ich mit dem Schlüssel an einer Schnur um den Hals in die leere Wohnung kommen sollte. Sie kochte für mich früh am Morgen vor und hielt die Speisen in kleinen Töpfen unter den Bettdecken warm. Ich sollte kein Gas anzünden müssen. Sie hatte Angst davor. Und ich auch.

Später installierte sie in dem Handwerksbetrieb einen kleinen eisernen Ofen, auf dem sie kochte oder Vorbereitetes warm hielt. Nach der Schule ging ich nun zu ihr. Ich sah, wie sie, die kleine 1,56 Meter große Resi, die riesigen verchromten Kotflügel polierte und in weiches Papier einpackte. Jeden Freitag gingen wir beide «ausliefern». Das heißt, wir hatten einen Leiterwagen, auf dem die verchromten Teile – zumeist für Autos oder Eisschränke – lagen. Ich fand es immer sehr aufregend, zu den Werkstätten in den verschiedenen Hinterhöfen zu gehen, und kenne auch heute noch jede Straße im 3. Wiener Gemeindebezirk. Meine Mutter musste zumeist auch für die Ware Geld eintreiben. Ich hatte sie nie zuvor so charmant und humorvoll gesehen. Sie bekam das Geld.

Eines der Dinge, die ich seitdem weiß und unbedingt befolge: Handwerker müssen bezahlt werden, je kleiner die Betriebe sind, umso pünktlicher.

Von meinem zwölften Lebensjahr an bis etwa meinem vierzehnten lebte ich mit meiner Mutter fast immer alleine. Ich fand das sehr schön. Mein Vater hatte eine Freundin und kam nur am Wochenende zu uns. Er störte mich. Wie leid es mir heute tut, dass ich über dieses Kapitel im Leben meines Vaters nie mit ihm habe sprechen können. Damals hab ich es hingenommen, ohne viele Fragen zu stellen. Ich weiß nicht, wieso. Vielleicht hatte es mit unserer kleinen Wohnung zu tun, zwei Räume, insgesamt zwanzig Quadratmeter, in denen ich mich ohne einen Mann in der Küche, in der ich mich auch in einer Waschschüssel waschen musste, freier bewegen konnte, und damit, dass ich nachts nicht mehr durch sägendes Schnarchen meines Vaters geweckt wurde. Kinder sind grausam. Und ich war grausam.

Einmal fand meine Mutter ein Schulheft mit ihrer gefälschten Unterschrift darin. Ich hatte die Unterschrift wirklich sehr gut nachgemacht. Es ging um irgendwelche Fehlstunden. Meine Mutter sagte gar nichts. Sie setzte sich ganz langsam auf einen der Küchenstühle und begann zu weinen, ein verzweifeltes wildes Schluchzen wurde das. Ich war sehr erschrocken und kniete mich vor sie hin. Ich bat sie um Verzeihung – immer wieder. Aber meine Mutter konnte mit dem Weinen nicht aufhören. Schließlich konnte sie sich so weit fangen, dass sie schluchzend herausbringen konnte: «Aber nein, es ist ja wegen dem Papa ...»

Ich verstand zum ersten Mal, dass die Erwachsenen ihren eigenen Kummer hatten, einen Kummer, den meine Mutter nicht mit mir teilen wollte, um mich zu schützen. In dieser Zeit habe ich mich sehr an meine Mutter angeschlossen. Wir waren eine Einheit.

Bis zu meiner Pubertät. Schlimmer als ein Erdrutsch. Es zog meiner Mutter die Füße weg. Und mir auch. Damit hatte sie nicht gerechnet. Ich auch nicht.

Sie war ohne ihre Mutter aufgewachsen. Eine Pubertät konnte sie sich gar nicht leisten. Ihr älterer Bruder, der mit seinen sechzehn Jahren noch ein sehr dummer Kerl war, erzählte ihr schreckliche Geschichten über sexuelle Regungen, über Sünde, über Hölle, über Geschlechtskrankheiten und machte ihr fortan Angst und ein schlechtes Gewissen.

Das saß immer noch als eine Urangst in ihr. Und als sie bemerkte, dass ich von Buben und jungen Männern nach Hause gebracht wurde, meistens auf der Fahrradstange ihrer Räder, verfiel sie in ihrer Ratlosigkeit in die Rolle der strengen Mutter. Das lag ihr gar nicht. Sie war vor Angst geradezu lächerlich streng zu mir und wusste auch um diese nutzlose Strenge. Manchmal, nachdem sie mir eine Ohrfeige gegeben hatte, standen wir uns für Sekunden gegenüber und hätten uns am liebsten umarmen wollen.

Sie hatte eine schwere Zeit damals. Mein Vater hatte den Metallbetrieb seines Vaters so schnell wie möglich abgewirtschaftet, ruiniert und für ein Butterbrot an den Vorarbeiter verkauft. Meine Mutter ging putzen. Jeden Tag. Und weil manche von den Leuten, bei denen sie die Fußböden wischte, sie als wertvollen, liebevollen Menschen erkannten, wurden ihr nach kurzer Zeit die Kinder der «Herrschaft» anvertraut.

Ich wurde von der Schauspielschule weg an das Theater in der Josefstadt engagiert. Bald konnte ich Geld zu Hause abliefern. Sie hatte es verlangt. Ich war ganz erstaunt, dass Haushalt etwas kosten sollte. Ich war siebzehn.

Ich erinnere mich an sie in diesen Jahren, in denen ich

aus dem Haus drängte und mein Vater sein eigenes Leben führte, dennoch als eine dem Leben zugewandte Frau. Sie war müde, aber nicht verzweifelt. Sie war traurig, dass das Zusammensein mit meinem Vater nicht mehr zu leben war, aber sie war nicht rachsüchtig. Sie hatte Angst um mich, beäugte mich misstrauisch – «Hast du schon mit dem …?» –, aber sie war glücklich mit mir, als sie sah, wie glücklich ich mit meiner ersten Liebe war.

Sie wollte, dass ich Lehrerin werde, aber sie unterstützte mich in jedem Schritt, mit dem ich näher an meinen Beruf und damit ans Theater kam.

Ohne dass ich es damals wusste, ich hatte mich dafür überhaupt nicht interessiert, gab sie meiner Tante Elly, ihrer Schwester Ella, die eine begnadete Schneiderin war und seit Kriegsende Witwe, immer ein kleines abgespartes Sümmchen Geld, wofür Elly Stoff kaufte und mir durch viele Jahre hindurch die schönsten Volantröcke à la Brigitte Bardot und später kleine schwarze Etuikleider à la Audrey Hepburn nähte. Die Geschwister waren sich immer noch sehr nahe, aber besonders die zwei Schwestern Ella und die Resel, die nicht einmal eineinhalb Jahre auseinander waren. Beide waren in jeder Zeit ihres Lebens Theatergängerinnen. Beide hatten von frühester Kindheit an einen sehr guten, sicheren Geschmack. Nach einem Tag voller Arbeit zogen sie sich in Windeseile um, eine Seidenbluse, ein blauer Rock, Strümpfe mit Naht, und schon sprangen sie auf die nächste Straßenbahn auf, um pünktlich im Theater zu sein. Später trug meine Mutter immer wieder Kleider und Mäntel, die mir aus irgendwelchen Gründen nicht mehr passten, ihr aber mit kleinen Änderungen schon. Sie hatte die Namen «Missoni» noch nie gehört und hätte «Yves Saint Laurent» nicht aussprechen können – aber sie trug deren Mode mit großer Selbstverständlichkeit, mit der sie auch getragen werden muss. Jedes Kleidungsstück wurde natürlich «aufgetragen», das heißt mit kleinen Änderungen versehen, da ein kleiner neuer Kragen, dort aus langen dreiviertellange Ärmel gemacht, manches wurde aufgetrennt, gewendet und neu geschneidert – aufgetragen eben. Es war nicht nur die Bescheidenheit meiner Mutter, die sich seit ihrer Kindheit erhalten hatte, es war auch Widerstand gegen die Wegwerfmentalität unserer Zeit, die Dinge sollten Bestand haben.

Meine Mutter war erfinderisch und wollte es sein.

Auf eine andere Art und Weise hat sie mir dieses Talent vererbt. Erfinden, kreativ sein, Phantasie haben – dies alles ist für meinen Beruf unerlässlich. Mut, Disziplin, Zivilcourage, das habe ich von ihr. Sie hat mich diese Eigenschaften nicht gelehrt. Ich bin damit aufgewachsen.

Einer der Leitsätze meiner Mutter war: Jeder ist jemand.

Danach hat sie gelebt. Ohne praktische Vorurteile. Theoretisch mögen manche dagewesen sein, aber wenn sie einem Menschen gegenüberstand, egal, welcher Herkunft, egal, welcher Hautfarbe, hat sie sich ganz auf ihn eingelassen. Erst einmal zugehört. Sie hatte ein sehr gutes Unterscheidungsvermögen.

Wer ist wichtig? Was ist wichtig?

Wie oft hat mir das geholfen, wenn ich vor Entscheidungen stand!

Natürlich bin ich nicht nur meiner Mutter Kind, sondern auch das meines Vaters, des lebenslangen Zweiflers. Die ungebrochene Lebensfreude bis in ihr hohes Alter zeichnete meine Mutter aus, und ich möchte es ihr gleichtun.

Ich bemühe mich.

NACHWORT

Mitte Dezember 2020: Ich hatte schon einige Zeit für dieses Buch recherchiert, Anfragen an Interviewpartnerinnen verschickt und Vorgespräche geführt. Nachdem während der Sommermonate mehr und mehr Corona-Beschränkungen gelockert worden waren, hatten die Zahlen im Herbst wieder zugenommen. Das Wissen darum begleitete die Arbeit an diesem Buch von Beginn an. Ich freute mich auf die Gespräche, die vor mir lagen, und auf das Schreiben – aber der Gedanke, dass bei einer weiteren Schulschließung meine drei Kinder wieder zu Hause sein würden und ich ihre Aushilfslehrerin, war doch auch immer präsent.

Wir hatten im Frühjahr erlebt, was es bedeutet, soziale Kontakte stark einzuschränken: Homeoffice, Homeschooling, das Jonglieren mit Terminen und Verpflichtungen. Das allermeiste klappte zum Glück einigermaßen reibungslos, aber die Nächte waren kurz, weil man zwangsläufig viel auf den Abend verschieben musste. Hausarbeit zum Beispiel. Wie oft mein Mann und ich um Mitternacht in der Küche standen, um die Spülmaschine einzuräumen, Wäsche zusammenzulegen oder vorzukochen, damit wir die Vormittage zum Arbeiten und für das Homeschooling nutzen konnten – und auf die Frage unserer Kinder «Was gibt es zum Mittagessen?», die gefühlt jeden Morgen schon um 8.30 Uhr gestellt wurde, vorbereitet waren. Was für eine Zeit!

Dann kommt kurz vor Weihnachten die Nachricht: Die Schulen müssen erneut geschlossen werden. Im Januar, heißt es, soll wieder über Beschränkungen entschieden werden – je nachdem, wie die Zahlen im neuen Jahr sind.

Der Vater einer Mitschülerin meiner Tochter sagt zu mir, als wir die Kinder abholen: «Schöne Weihnachten – und wir sehen uns dann frühestens im April wieder hier.» Er ist Arzt. Und schätzte die Zukunft, wie wir jetzt wissen, richtig ein.

So ist dieses Buch also in einer Zeit entstanden, in der so manches fundamental anders war als sonst. Viele Menschen mussten schwere Verluste hinnehmen, waren von Corona unmittelbar oder im engsten Familienkreis betroffen – oder gerieten wegen des Lockdowns in existenzielle Not.

Wenn ich zurückblicke, kommt es mir so vor, als hätte jeder Tag nicht genug Stunden gehabt. Dennoch war die Arbeit an diesem Buch nicht anstrengender, als sie sonst gewesen wäre. Sie gehörte zu den positiven Erfahrungen dieser Zeit.

Was für ein Glück: zunächst einmal, dass meine Interviewpartnerinnen sich die Zeit nahmen, mir von ihren Erinnerungen und von den Frauen ihres Lebens zu erzählen. Auch unter ihnen gab es unmittelbar von Corona Betroffene, die mit der Erkrankung und ihren Folgen umgehen mussten. Manche waren in einer ganz ähnlichen Situation wie ich. Als Verena Pausder und ich per Videocall miteinander sprechen, sind ihre Kinder zu Hause. Genauso wie bei Ildikó von Kürthy, Minh-Khai

Phan-Thi oder Janina Kugel. Fränzi Kühnes Baby nimmt im Ergocarrier am Interview teil.

Mein persönlicher Eindruck aus den vergangenen Monaten ist, dass Frauen sich wahnsinnig schnell umgestellt haben. Dass sie nach vorne blickten und die Tage so gestalteten, dass möglichst viel unter den berühmten einen Hut passte. Und natürlich entschuldige ich mich hier bei allen Männern, die sich jetzt vielleicht ungesehen fühlen. Denn natürlich haben auch viele von ihnen nach Kräften zu Hause mitgeholfen und ihr bisheriges Leben umgekrempelt. Manche haben sicher die Gelegenheit genutzt, um – vielleicht zum ersten Mal –, die traditionellen Rollenbilder zu hinterfragen.

Dieses Nachdenken darf nicht aufhören, denn grundsätzlich lässt sich festhalten: Die Ungleichheit zwischen Männern und Frauen ist durch die Pandemie noch einmal verstärkt worden. In vielen Situationen des Alltags wie des Berufs wurden Frauen zurückgeworfen.

Für mich war die Arbeit an dem Buch in dieser Zeit ermutigend: die Gespräche über wichtige Impulse, die unsere Gesellschaft braucht. Es war großartig, immer wieder für einige Stunden in die Welt meiner Interviewpartnerinnen einzutauchen. Gerade in einer Phase, in der das soziale Leben so eingeschränkt war.

In einigen Erlebnissen, die meine Gesprächspartnerinnen kritisch beleuchteten, sehe ich Parallelen zu meinen eigenen Erfahrungen, natürlich. Ob im Hinblick auf den Übergang von der Ausbildung in die Arbeitswelt oder als berufstätige Mutter von drei Kindern. Das Bestärkende an den Gesprächen war für mich: Frauen zu erleben, die sich nicht bremsen lassen, die ihre Erfahrungen offen teilen.

Dafür danke ich ihnen von Herzen.

BILDNACHWEIS

S. 12 (Minh-Khai Phan Thi): getty images/ Isa Foltin
S. 28 (Katharina Schulze): Andreas Gregor
S. 46 (Ildikó von Kürthy): Jan Rickers
S. 56 (Luisa Neubauer): Oguz Yilmaz
S. 64 (Fränzi Kühne): Tom Wagner/action press
S. 78 (Jutta Allmendinger): WZB/Valerie Schmidt
S. 90 (Verena Pausder): Patrycia Lukas
S. 100 (Djamila Böhm): picture alliance/Fotostand/Fusswinkel
S. 114 (Anika Decker): Edith Held
S. 128 (Janina Kugel): picture alliance/dpa/Sven Hoppe
S. 140 (Joy Denalane): ullstein bild – Unkel
S. 148 (Stephanie Caspar): Laurence Chaperon
S. 160 (Ciani-Sophia Hoeder): Megan-Vada Hoeder
S. 174 (Christiane Nüsslein-Volhard): picture alliance/dpa/Marijan Murat
S. 186 (Carla Reemtsma): getty images/Mathis Wienand
S. 198 (Gisa Pauly): Angéla Vicedomini
S. 210 (Ria Schröder): Frank Siemers/laif
S. 222 (Senta Berger): Trotz sorgfältiger Suche konnte der Urheber bzw. Rechteinhaber nicht ermittelt werden.

51 f
53
72
80
88
97 ff
104
106 f
143 f
144
169 ff
192
194